Copyright © 2024 Camille Sylvie Mestres
Tous droits réservés.
ISBN : 9798879059861

Camille Sylvie Mestres

DUINGT
un village de Haute-Savoie

ou le journal de mes balades

2017

Samedi 14 janvier, l'après-midi.
En venant de Doussard, je marche sur la piste cyclable recouverte de neige.
J'arrive à Duingt.

Sous la neige, les losanges de la place Saint François de Sales ressemblent un peu à des calissons.

Jeudi 2 novembre, l'après-midi.
J'approche de la mairie et aperçois déjà le lac. À ma droite,
d'étranges personnages animent la pelouse.

2018

Mercredi 31 janvier, l'après-midi.
J'ai marché jusqu'à la plage. Le château se devine derrière les arbres.

Mardi 13 février, l'après-midi.
J'ai pris quelques jours de vacances pour accueillir ma petite-fille. Nous voilà au belvédère, où elle contemple le paysage, appuyée à la balustrade. Malgré la douceur de l'air, la neige qui recouvre les bancs et la pelouse me rappelle que nous sommes encore en hiver.

Mercredi 31 octobre, l'après-midi.
Je viens de quitter la piste cyclable et descends le raidillon qui mène au village.
Par-delà les maisons, se dresse au bord du lac le château de Ruphy.

Le niveau du lac a tellement baissé que l'eau ne recouvre plus les marches inférieures de l'escalier et laisse à découvert une large rive caillouteuse.

Samedi 17 novembre, fin de l'après-midi.
Les losanges de pierre sont éclairés par la douce lumière de l'automne.

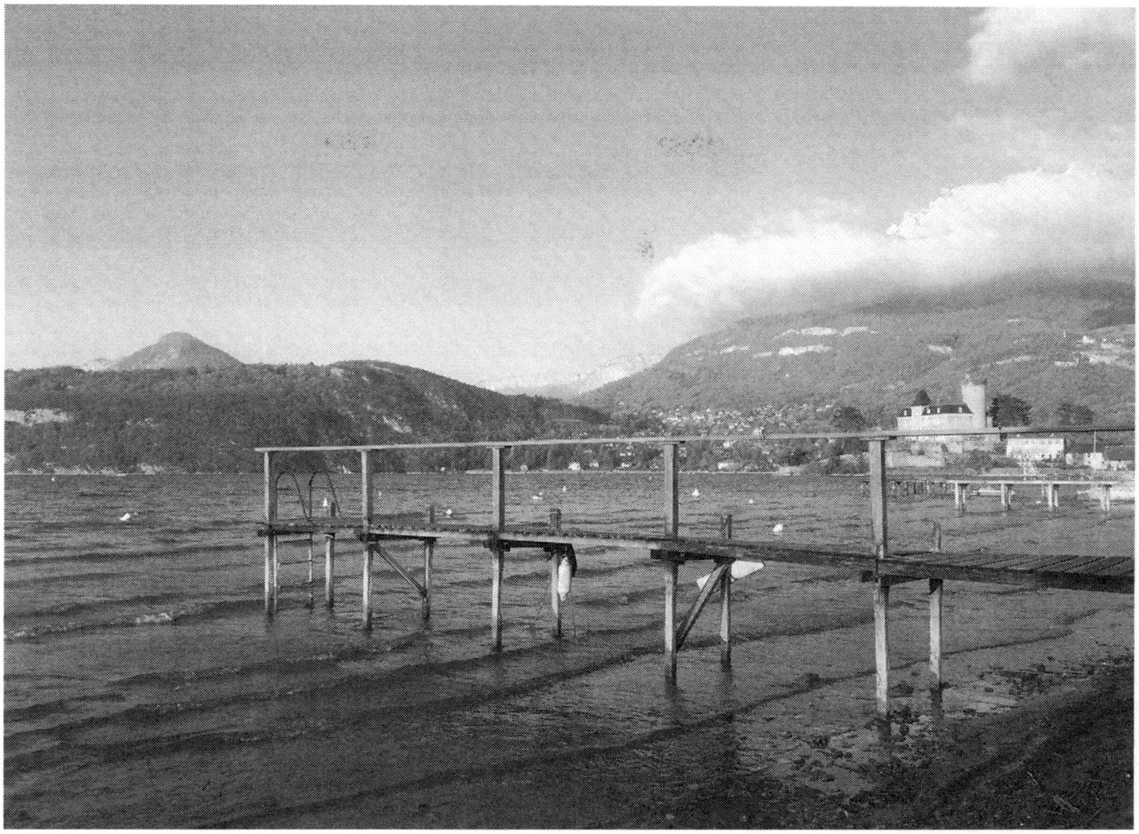

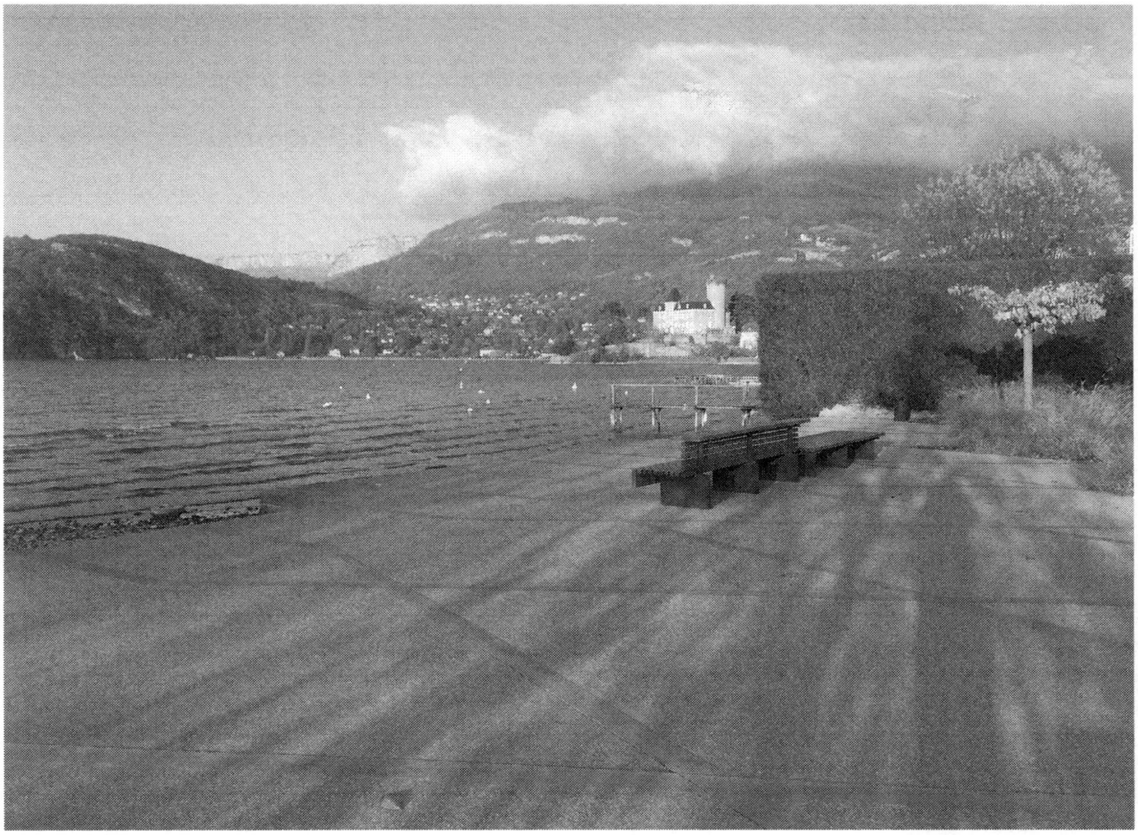

Dimanche 23 décembre, l'après-midi.
Les dernières marches de l'escalier sont à nouveau immergées.

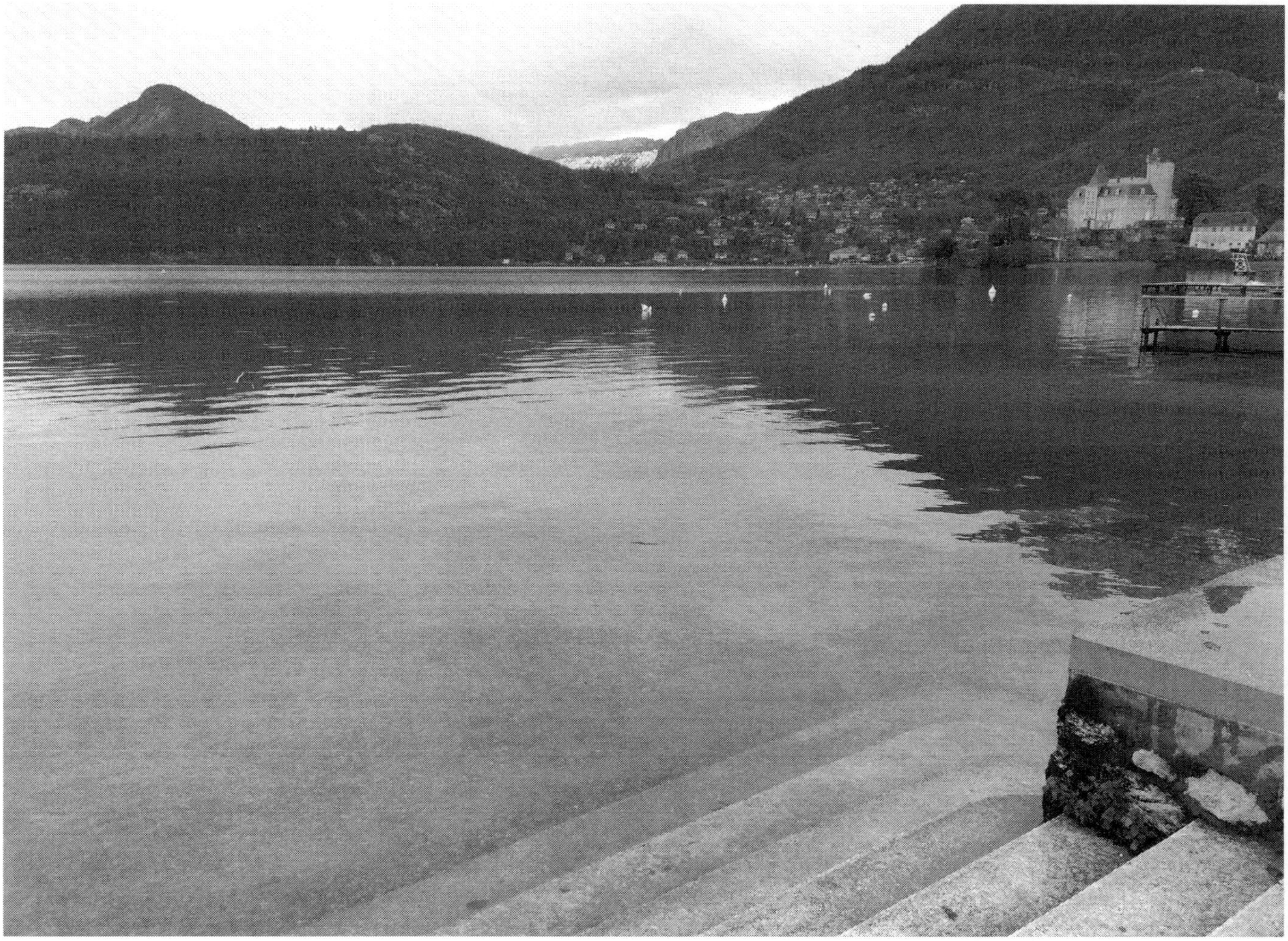

2019

*Mercredi 20 février, l'après-midi.
Ma petite-fille, venue me rendre visite, aime s'accroupir au bord de l'eau pour attraper les feuilles et brindilles passant à sa portée.*

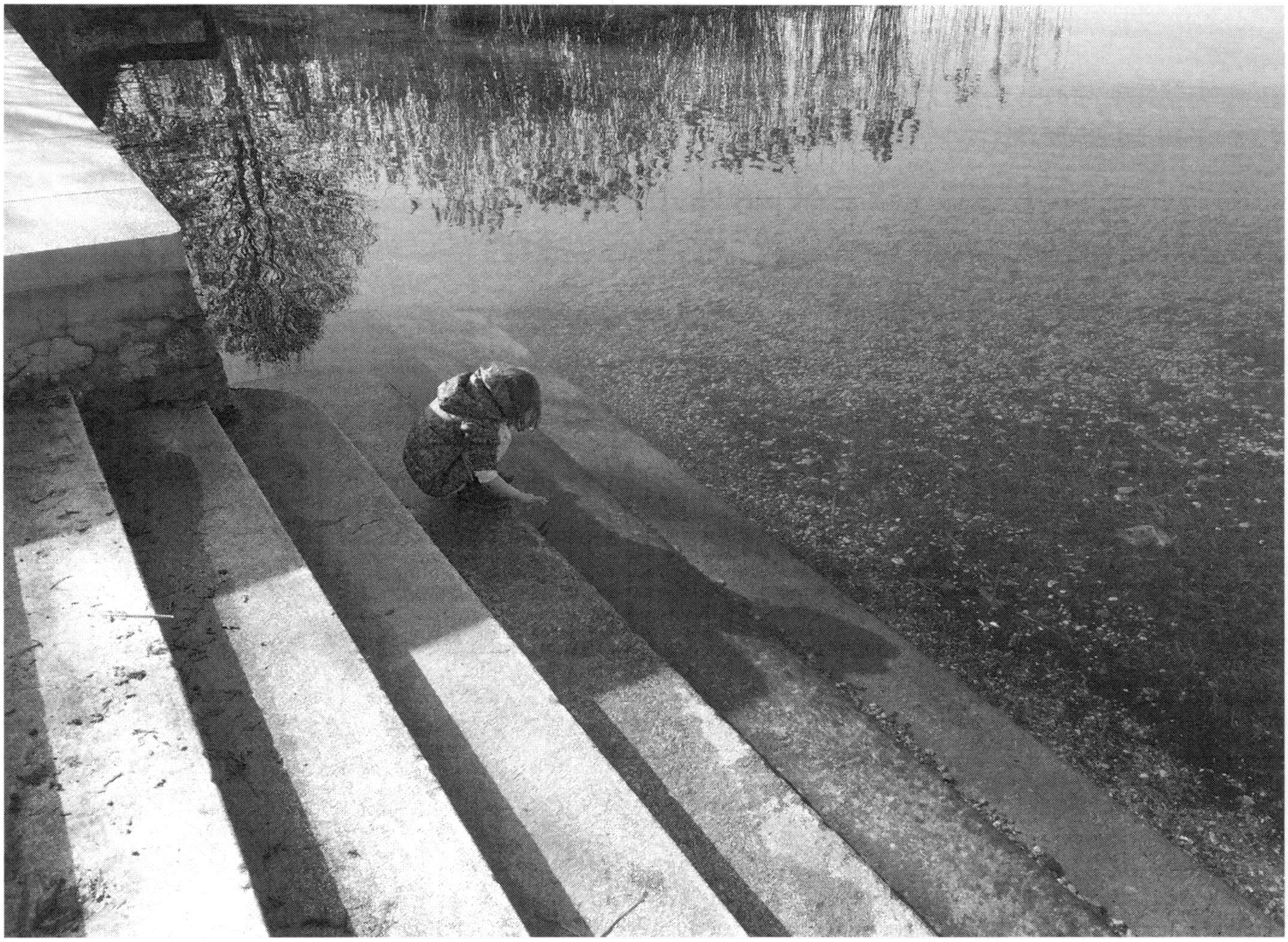

Jeudi 15 août, le matin.
Après avoir gravi le sentier du belvédère, je contemple le village, le lac sur lequel vogue un bateau, les montagnes verdoyantes, et les longs nuages dans le ciel bleu. Grâce au téléobjectif de mon appareil photo, je peux admirer l'église tout entière...

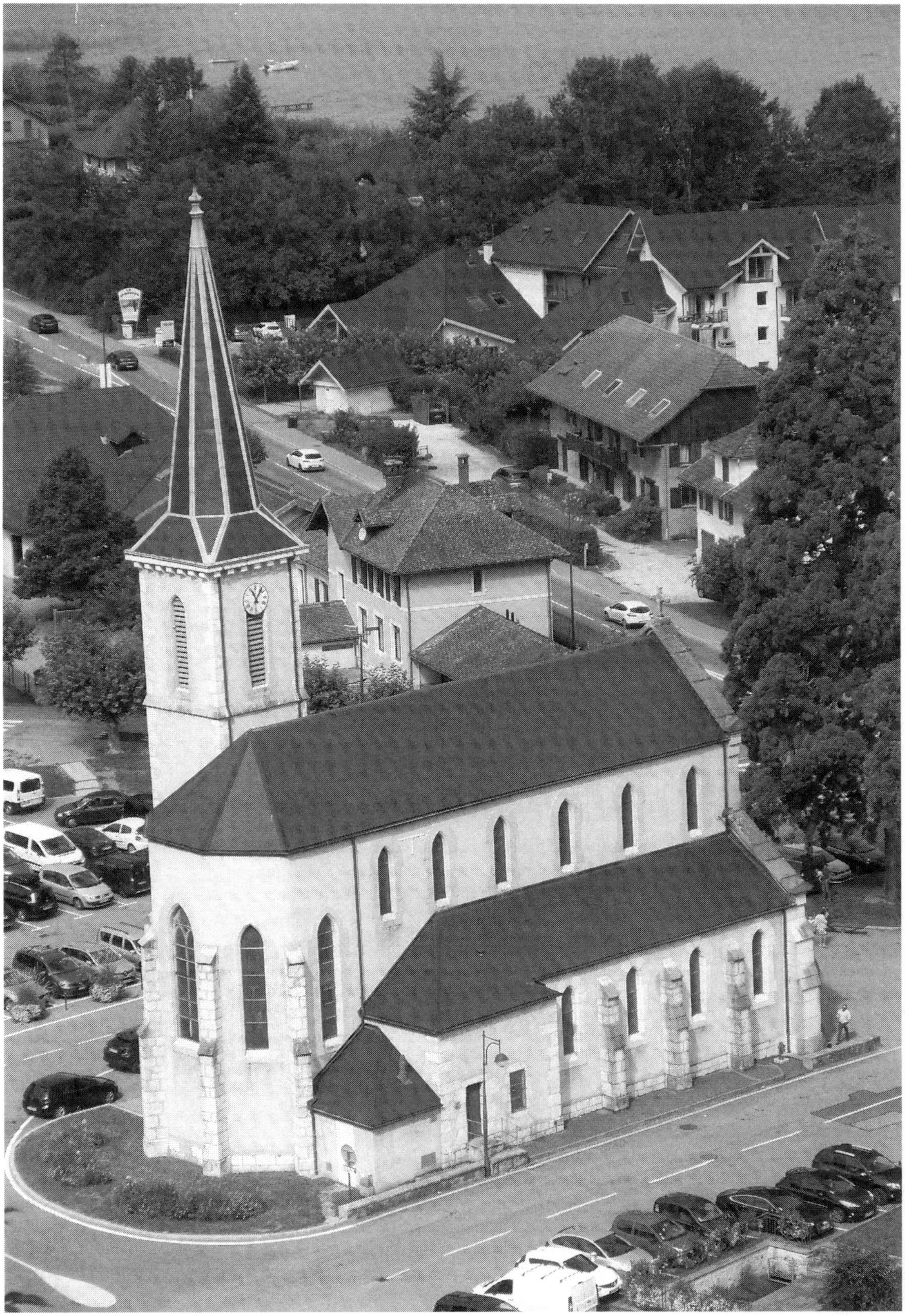

le château de Ruphy au bord du lac...

et celui de Dhéré émergeant de la forêt.

Dimanche 22 septembre, le matin.
Aujourd'hui, il y a un peu d'animation sur la piste cyclable.

DUINGT
perle du lac
LOCATIONS DE BATEAUX
COMMERCES
VIEUX VILLAGE i
DEBARCADERE

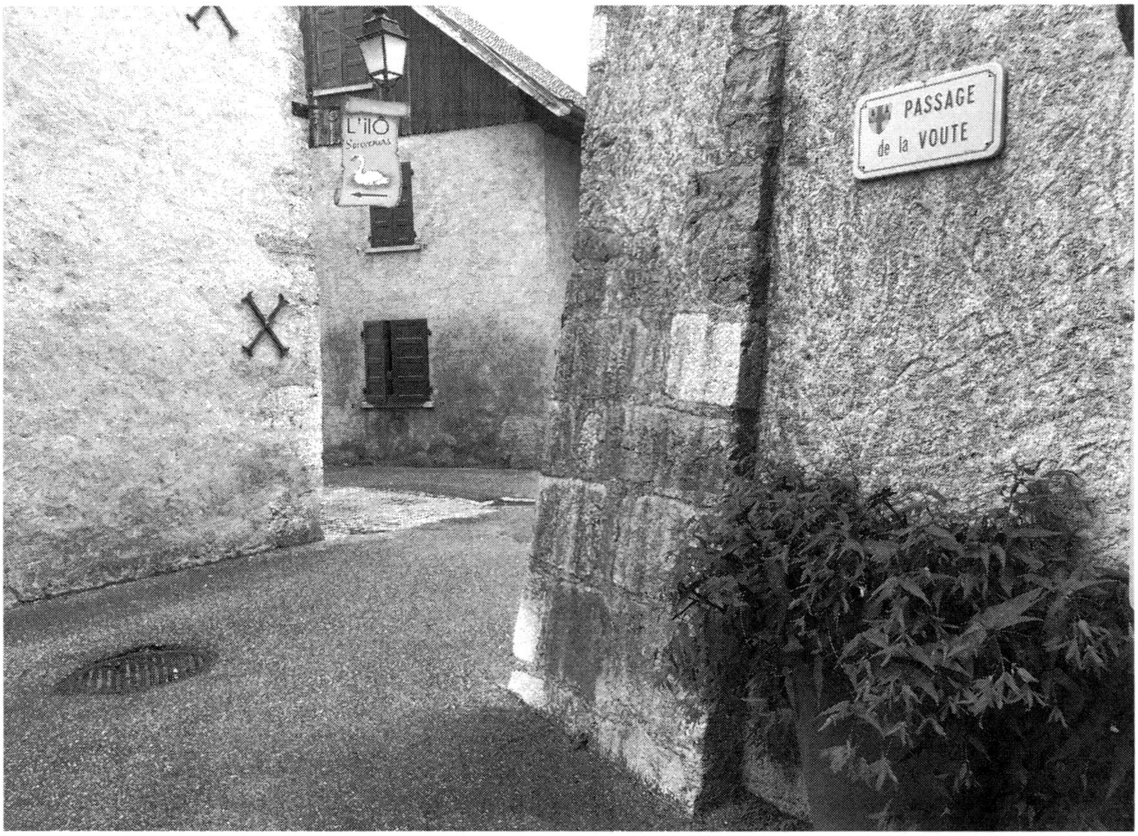
L'ilO
PASSAGE
de la VOUTE

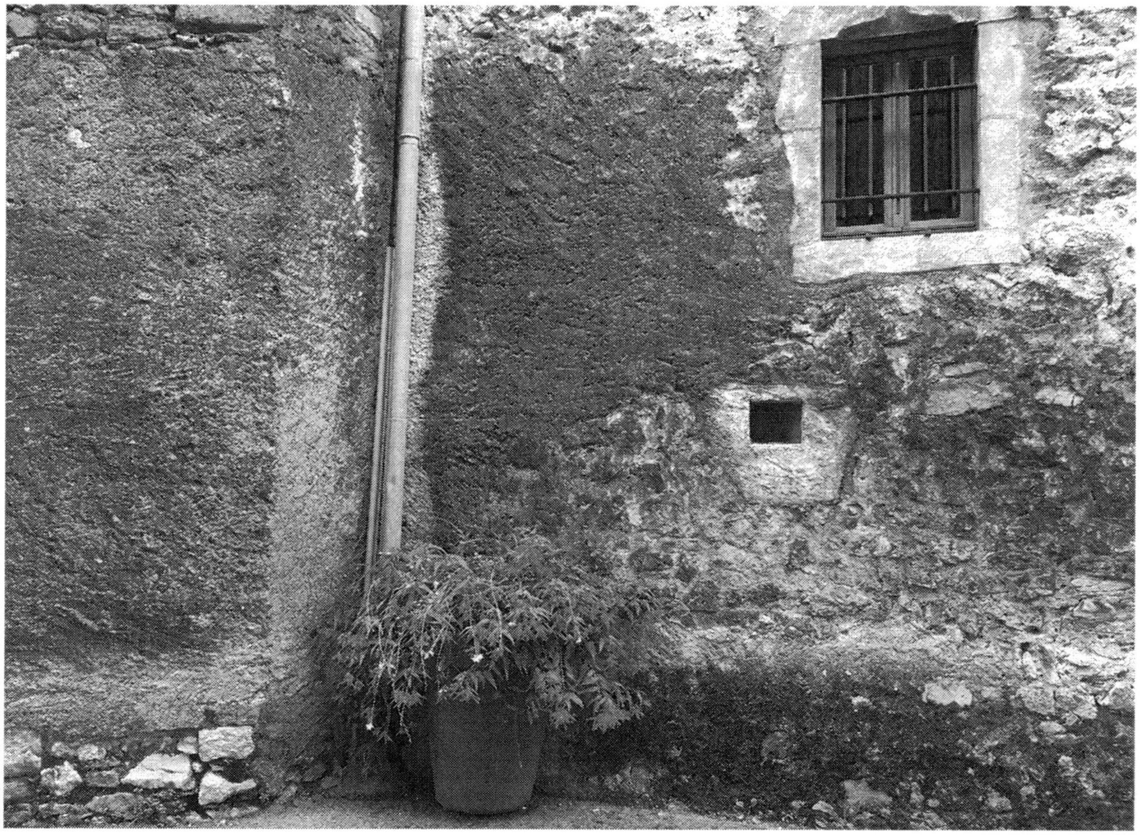

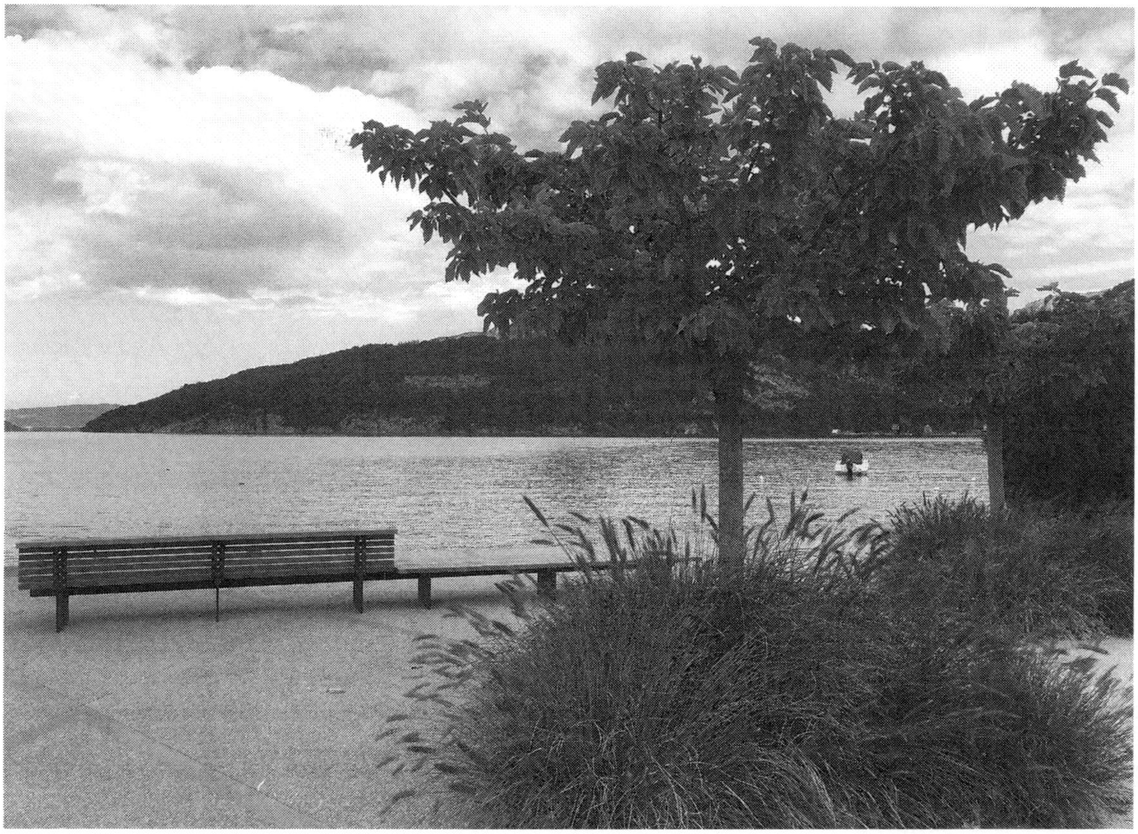

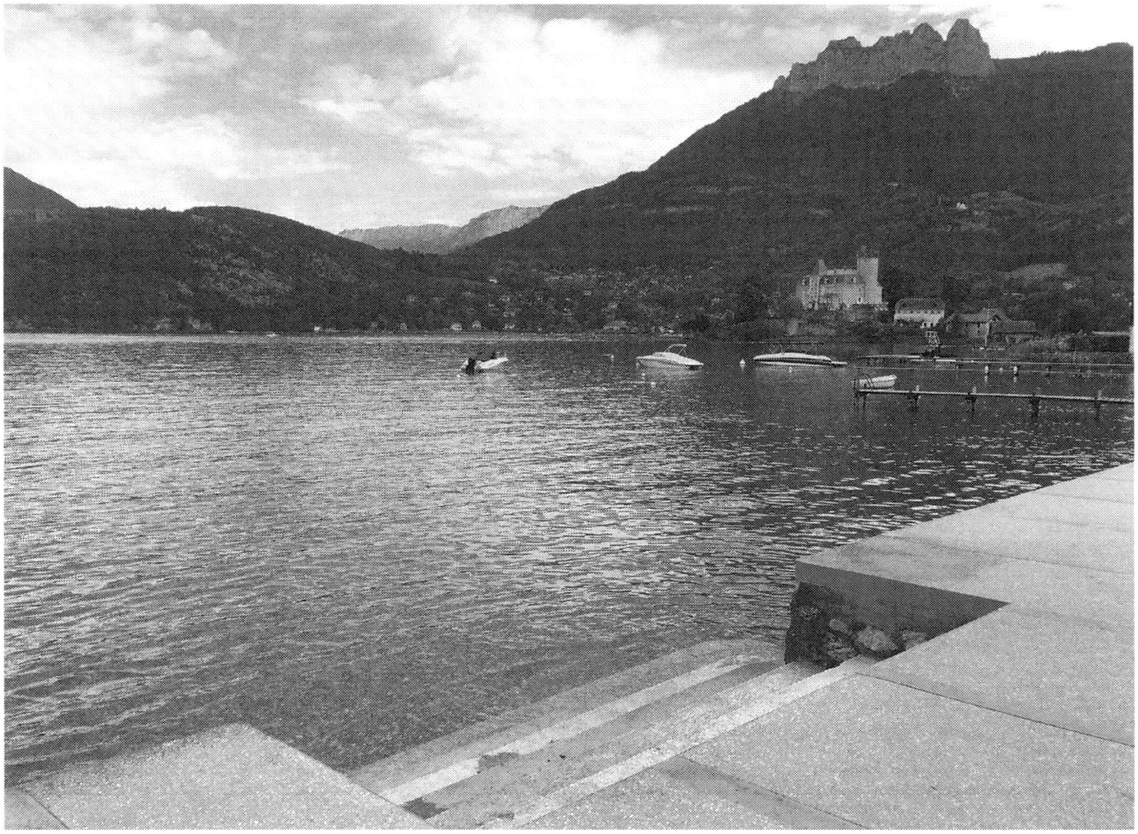

Dimanche 29 septembre, midi pile.
Une sauterelle verte escalade un mur. Ça me rappelle une comptine...

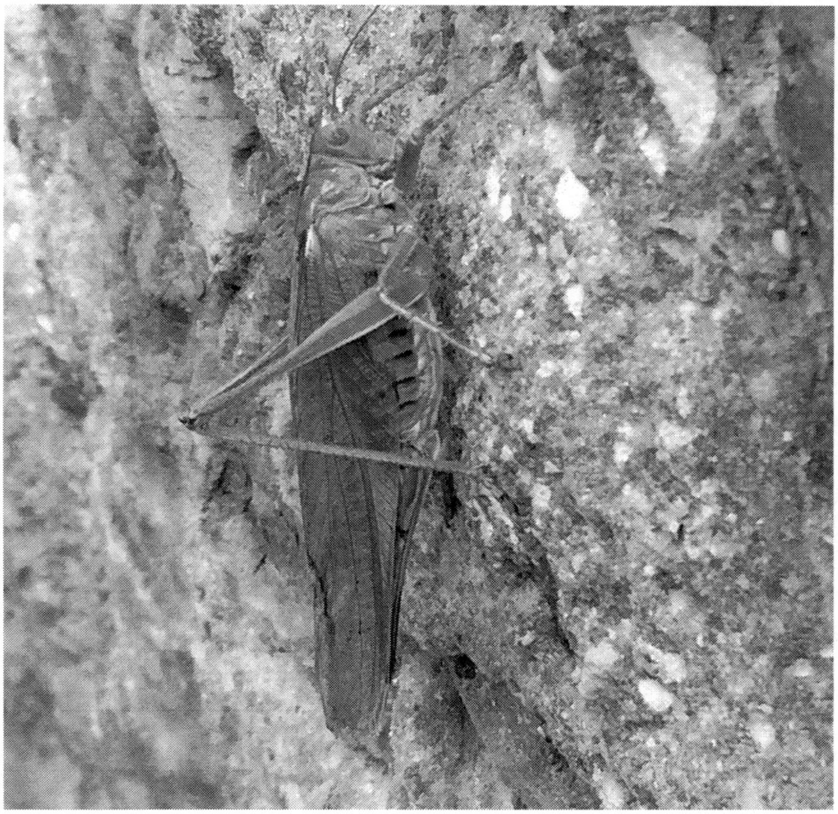

Jeudi 10 octobre, le matin.
Des cabanes et une maison.

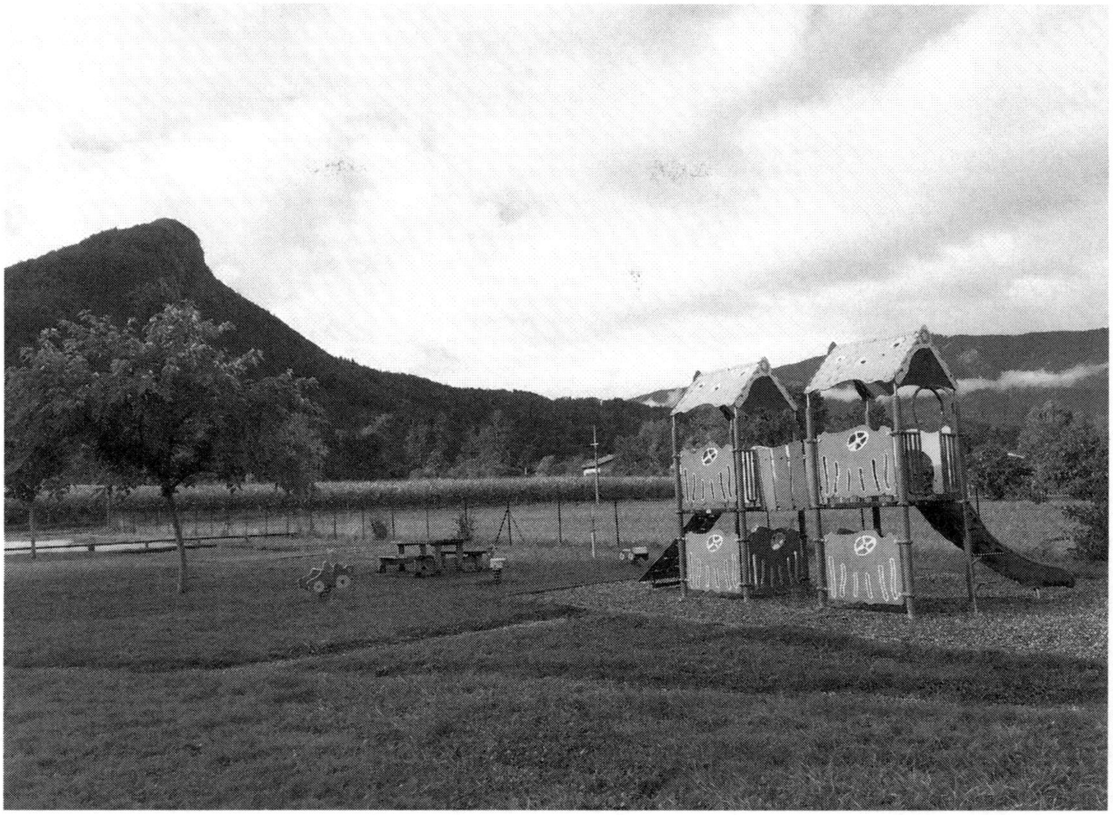

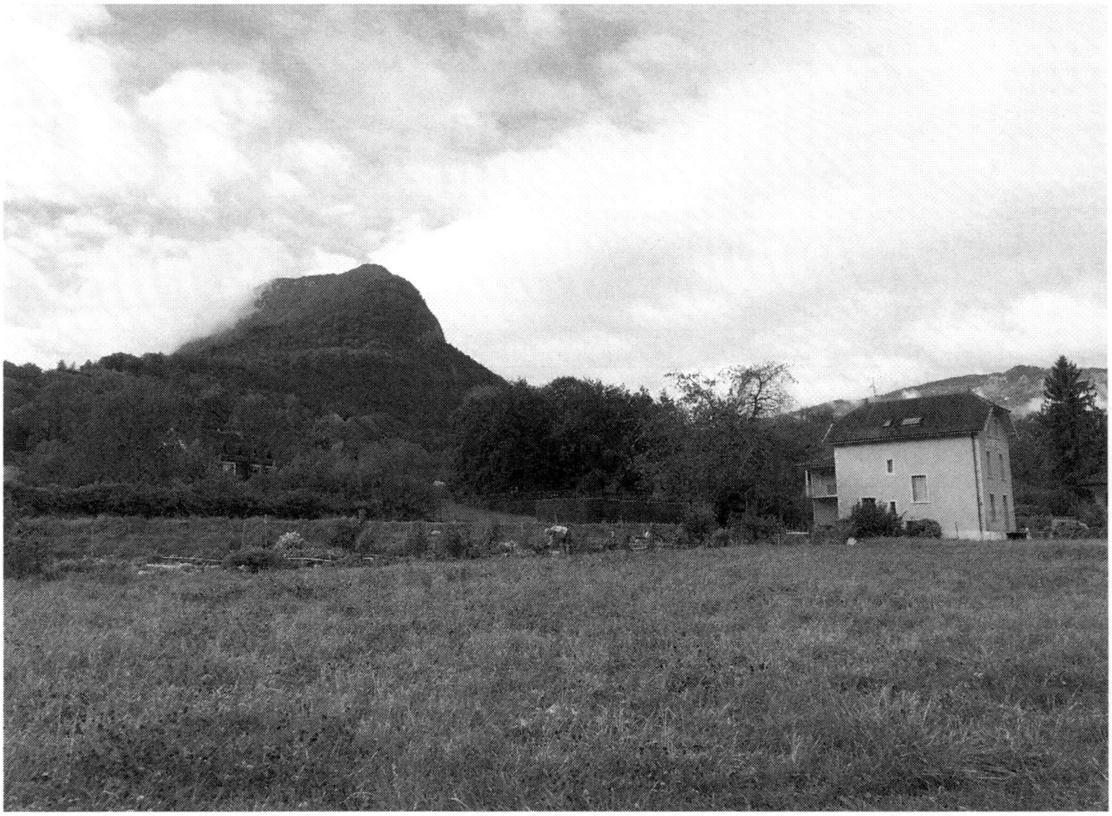

Jeudi 10 octobre, l'après-midi.
De la place au bord du lac, je vois ce gros nuage blanc qui semble immobile juste au-dessus du sommet de la montagne.

Mercredi 30 octobre, l'après-midi.
Un cygne solitaire s'est aventuré hors de l'eau et arpente la pelouse.

Samedi 9 novembre, fin de l'après-midi.
Lorsque j'arrive sur la place, mon regard est attiré par une mouette venant de se poser. Quelques minutes plus tard, ce sont trois oiseaux qui se tiennent debout au bord du lac.

Lundi 11 novembre, le matin.
Il y a un peu de neige en haut des montagnes. Mais sur la place, rien n'entrave la marche du colvert.

*Mardi 26 novembre, l'après-midi.
Ce paysage calme et lumineux me remplit de joie.*

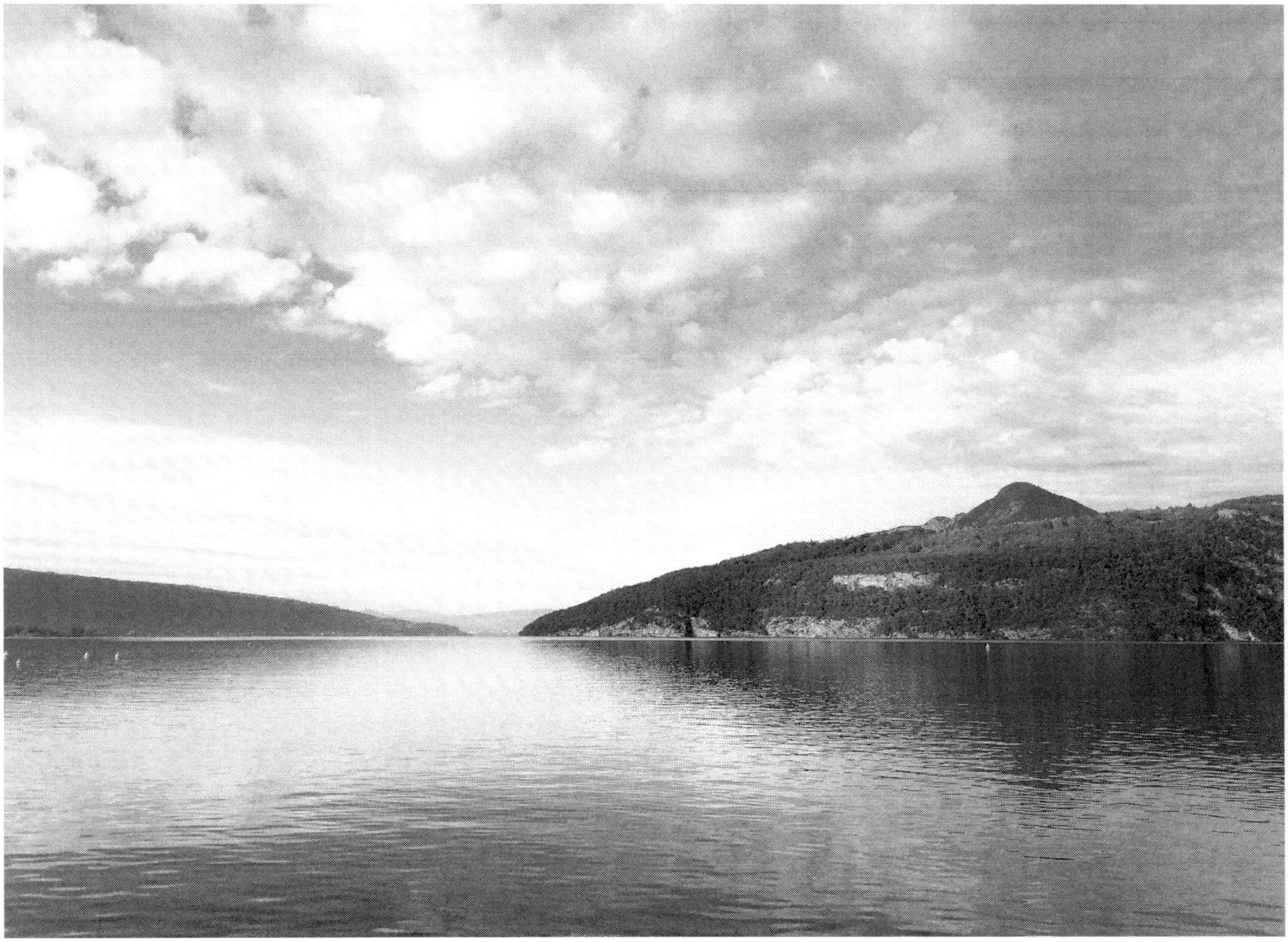

2020

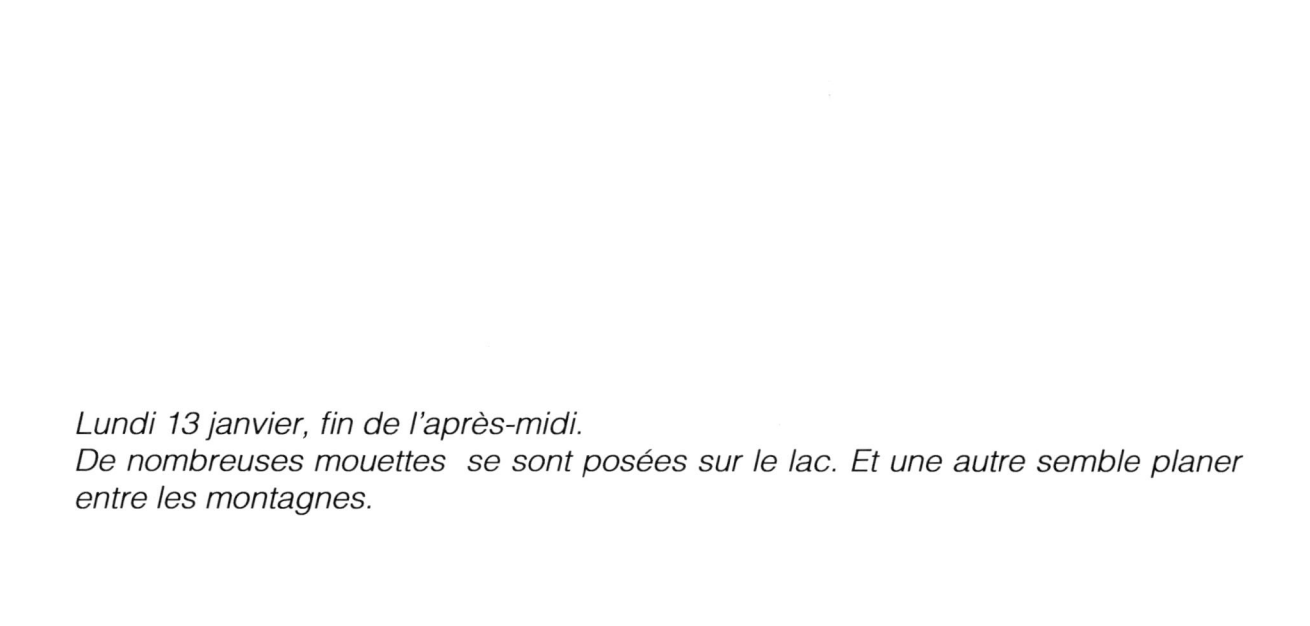

Lundi 13 janvier, fin de l'après-midi.
De nombreuses mouettes se sont posées sur le lac. Et une autre semble planer entre les montagnes.

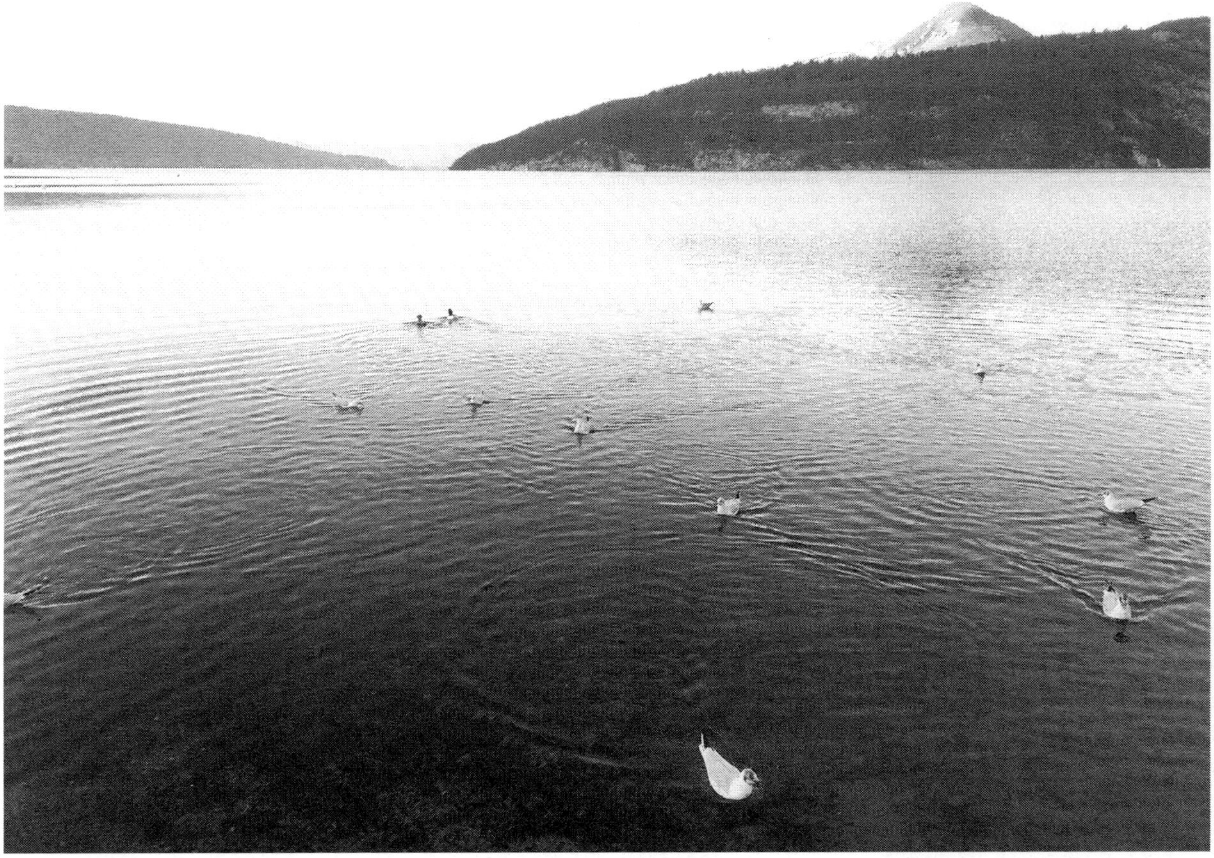

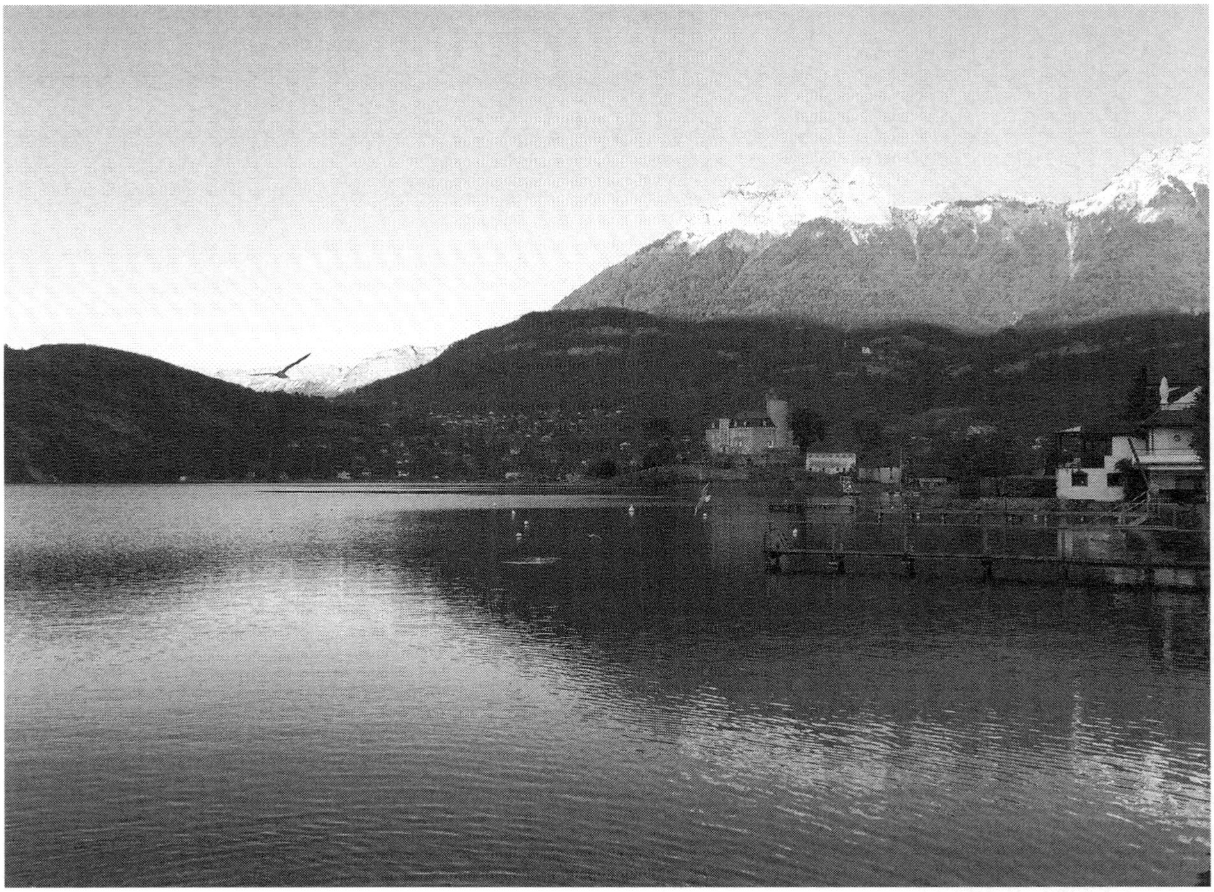

Jeudi 20 février, l'après-midi.
Aujourd'hui je ne travaille pas et le ciel est d'un bleu profond, sans le moindre nuage. Quelle joie de faire une longue balade dans ce village si familier, qui m'offre pourtant à chaque fois le plaisir de la découverte...

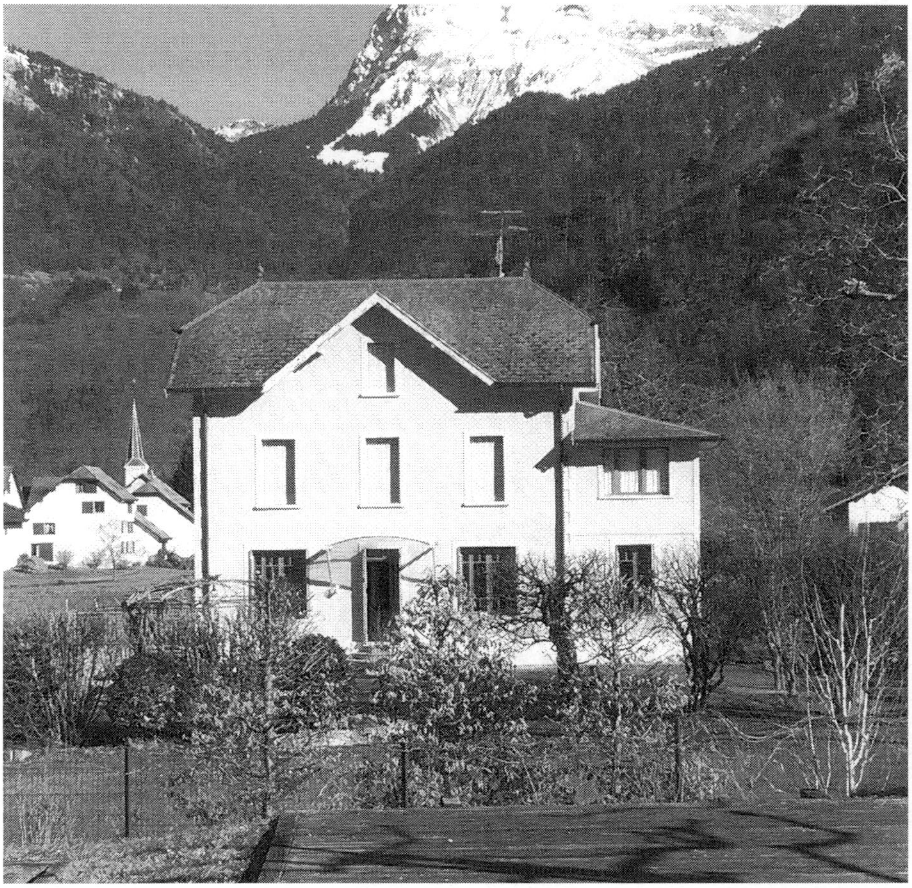

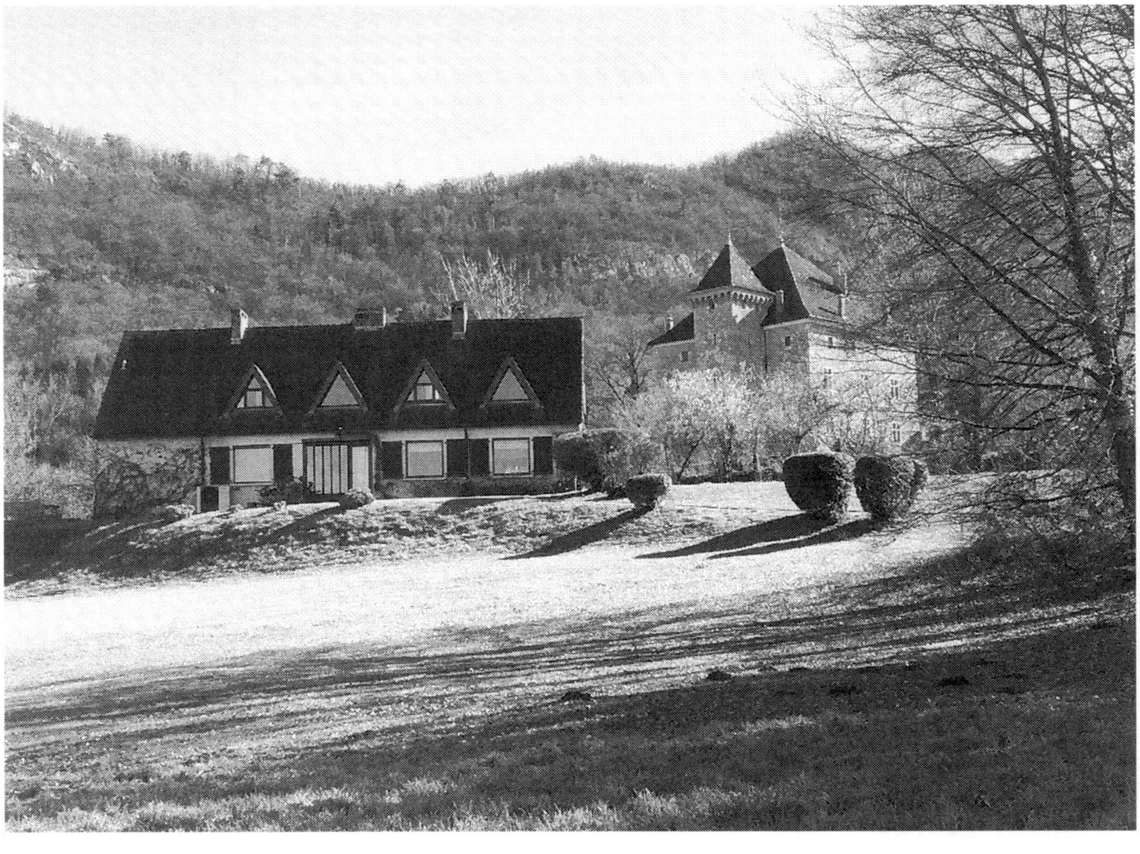

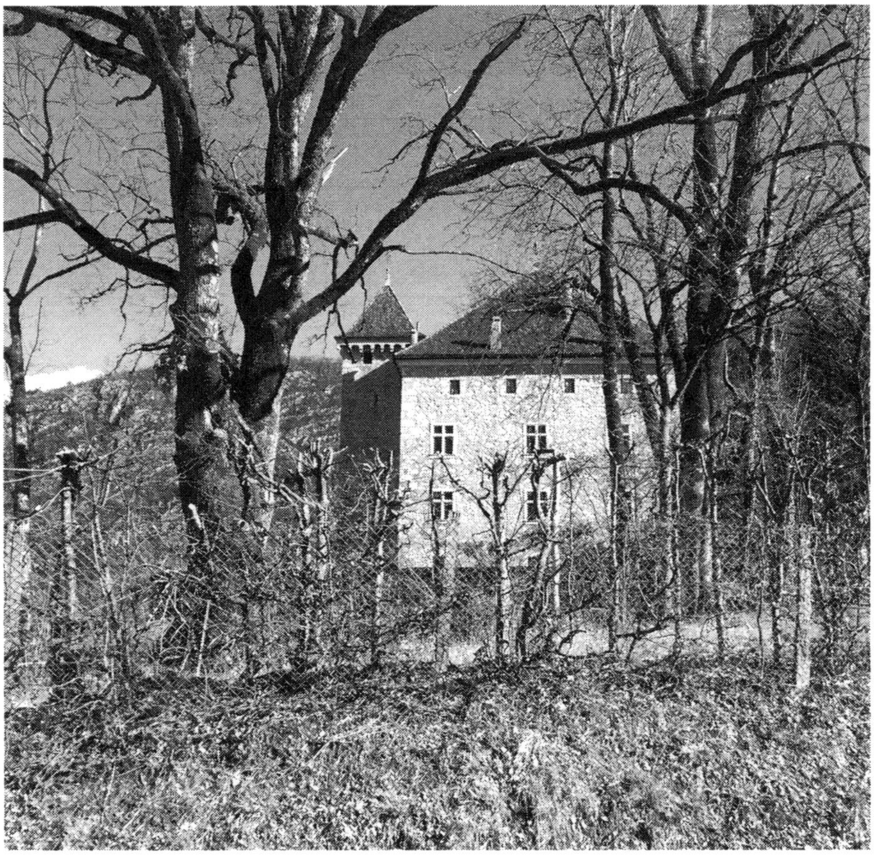

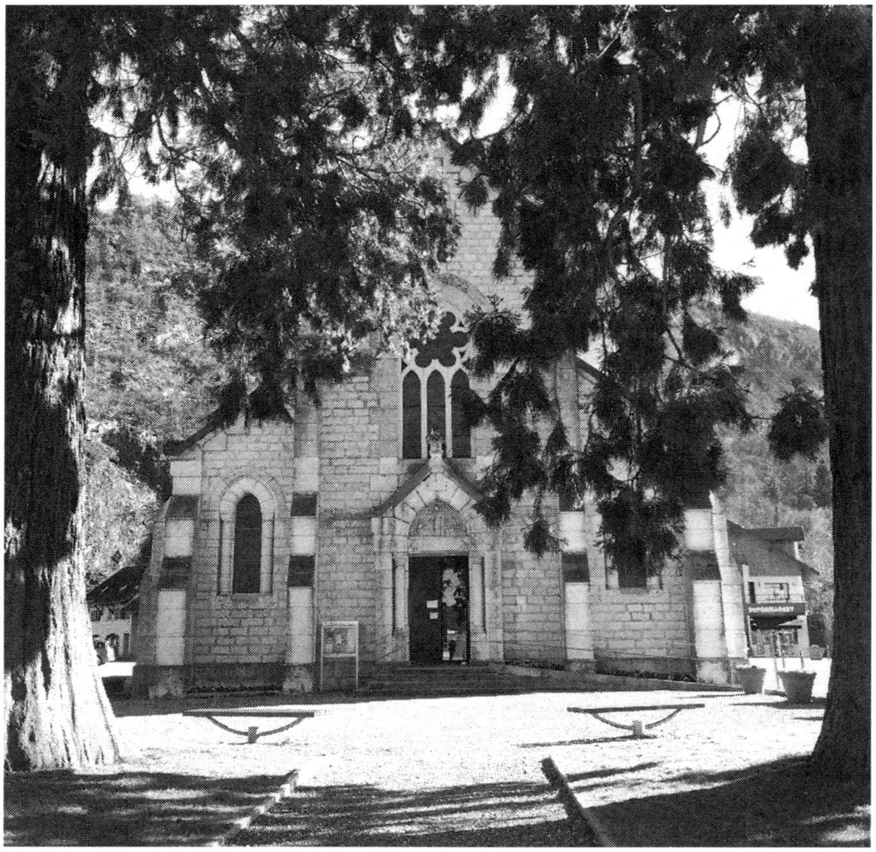

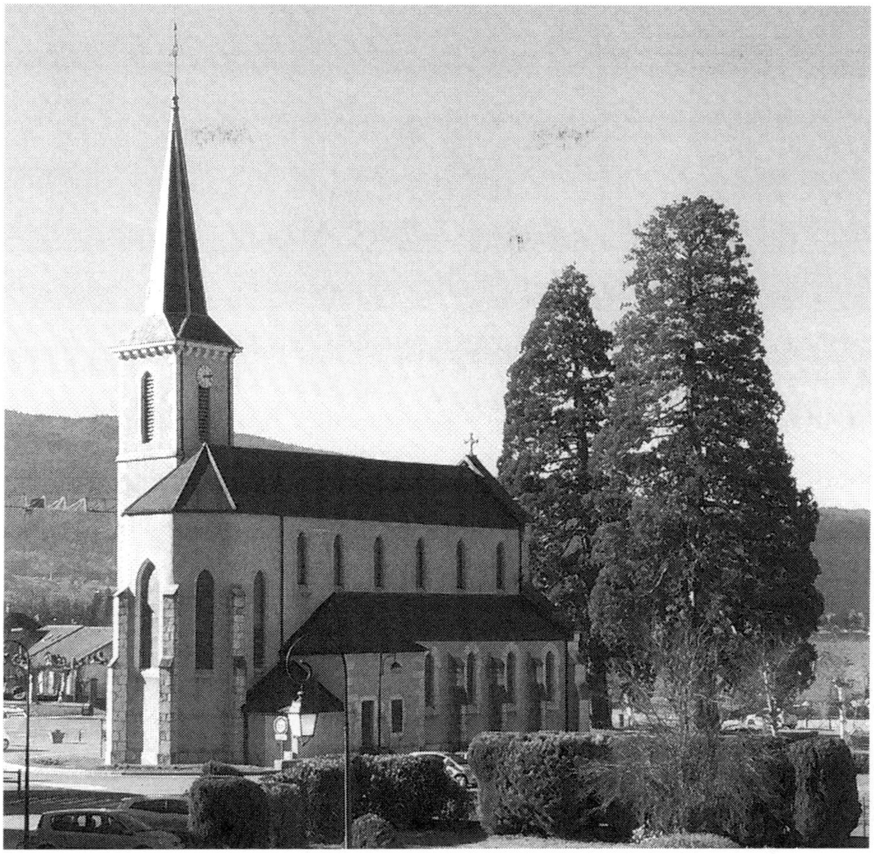

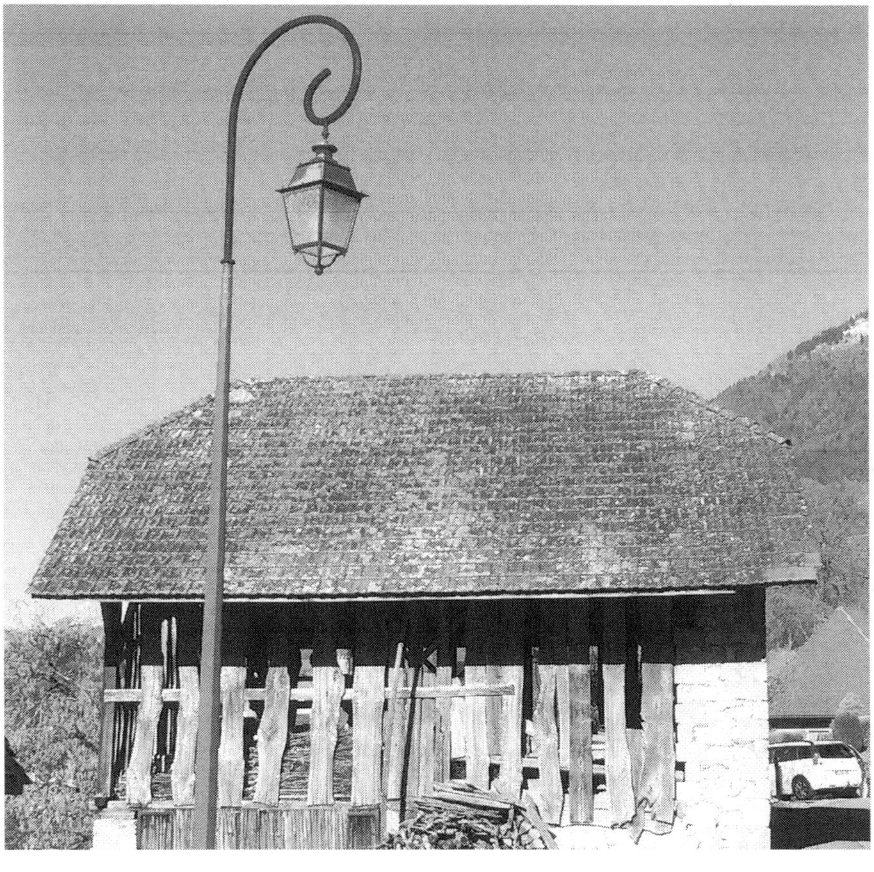

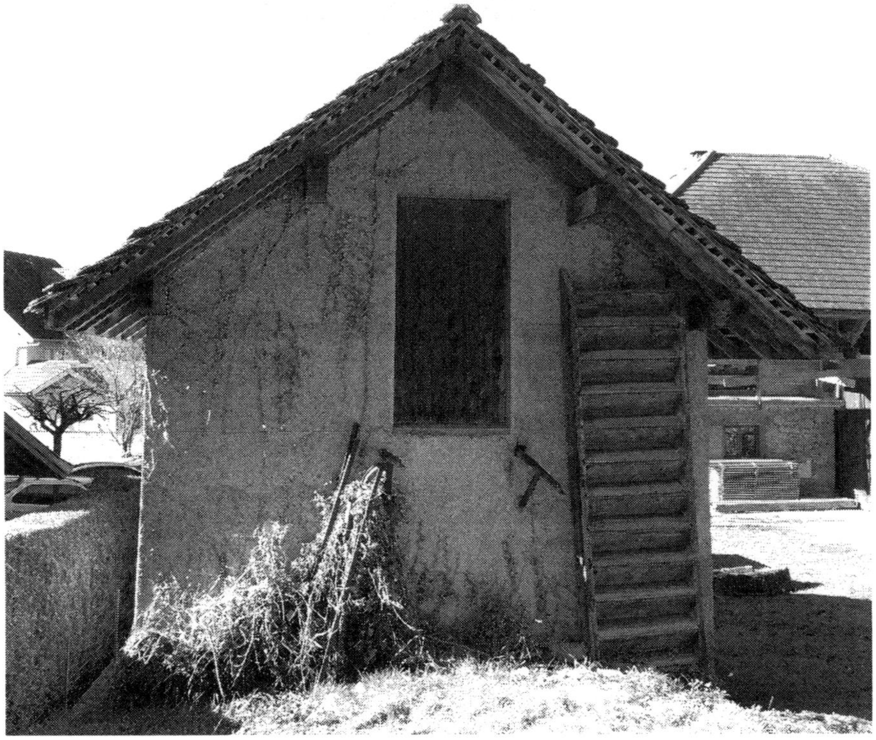

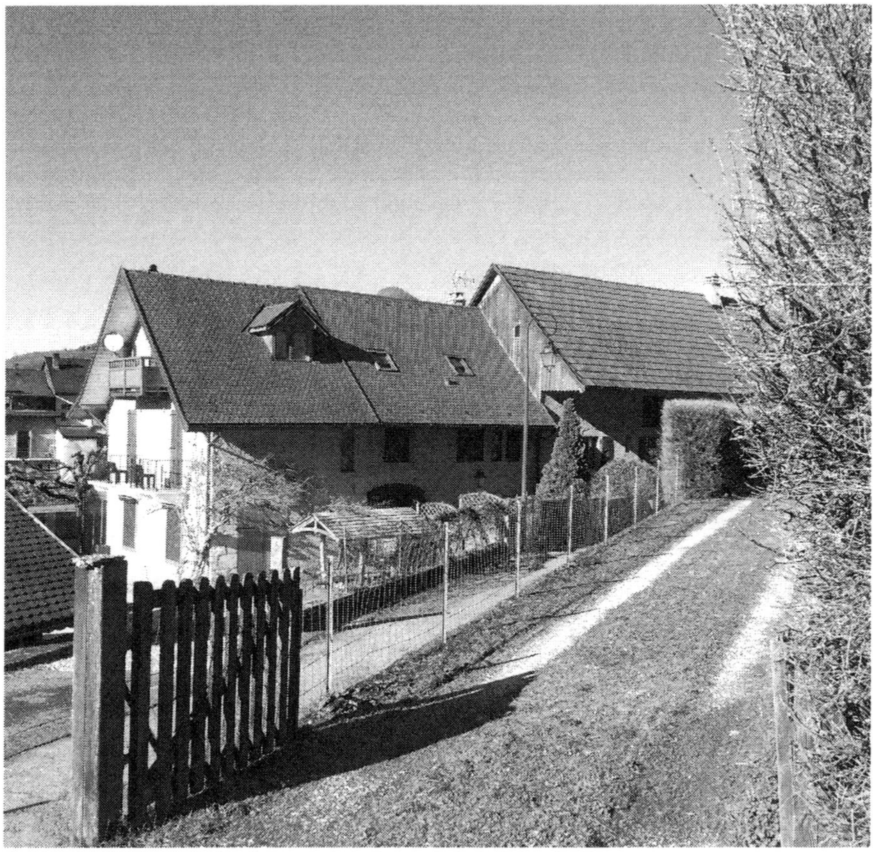

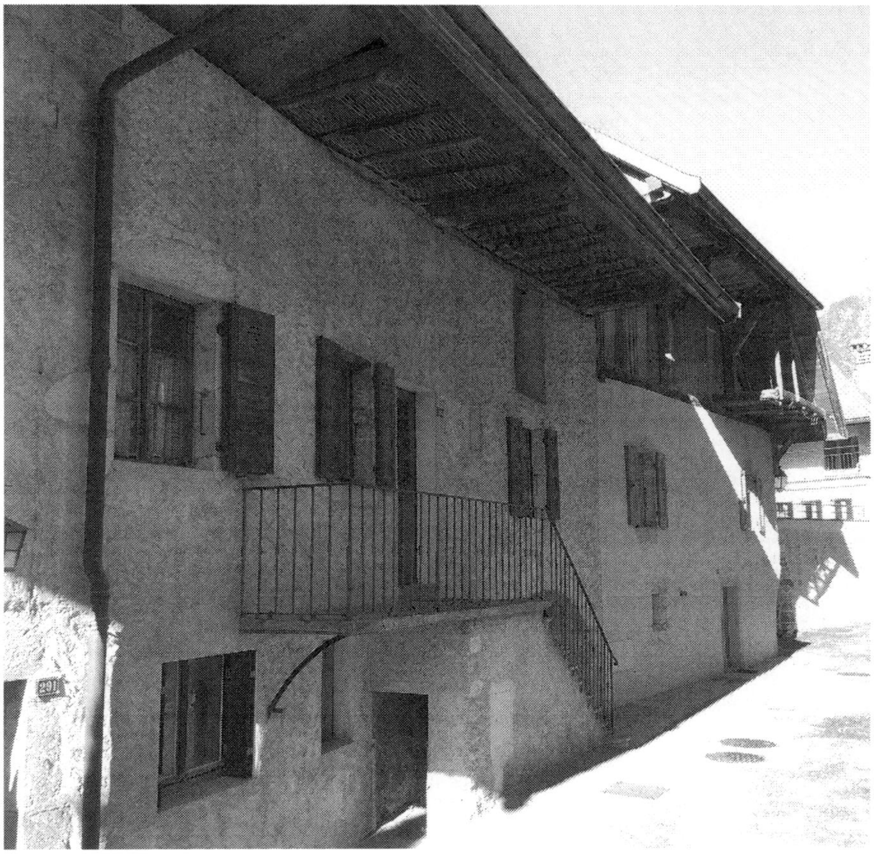

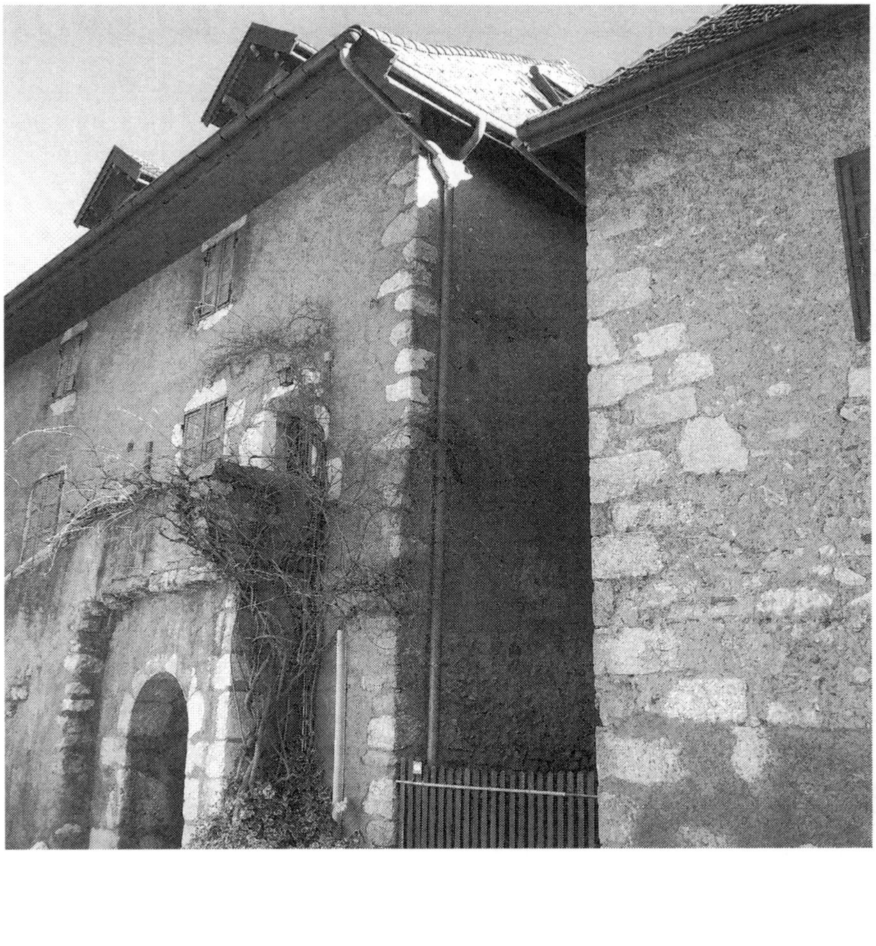

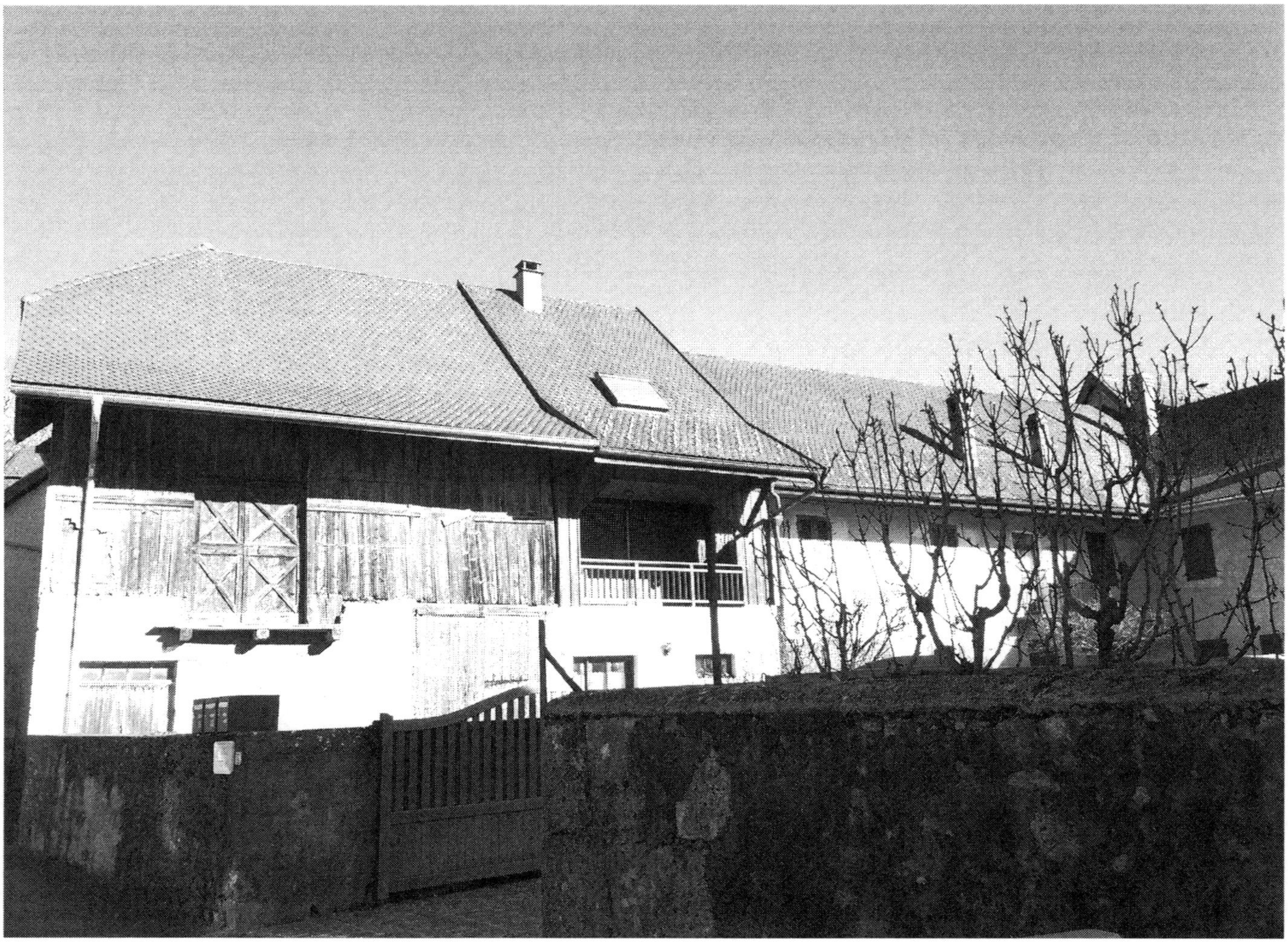

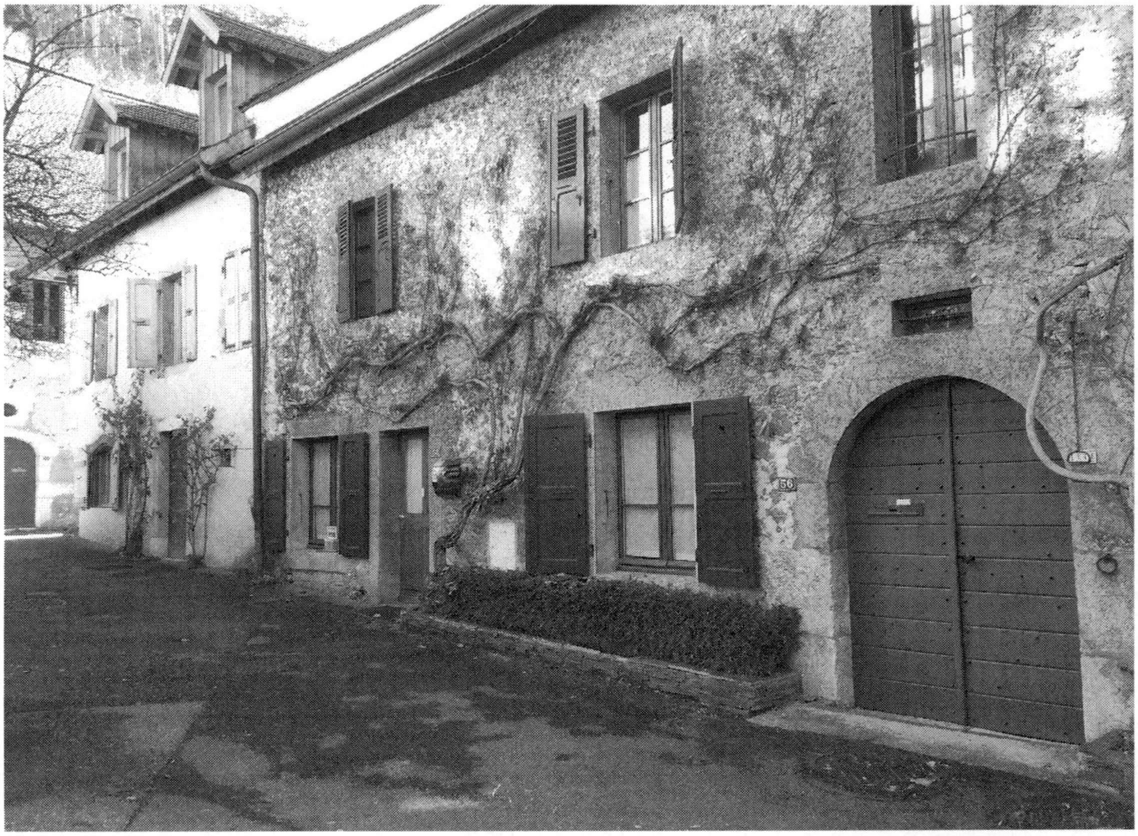

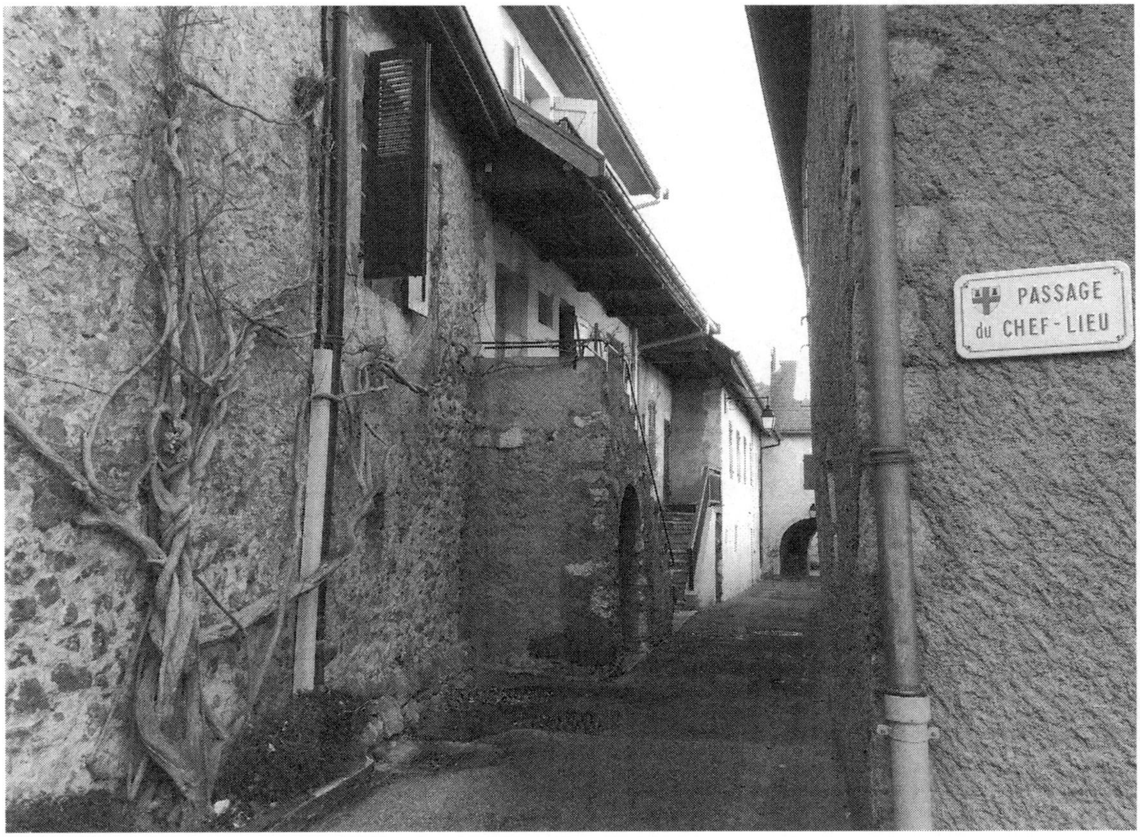
PASSAGE
du CHEF-LIEU

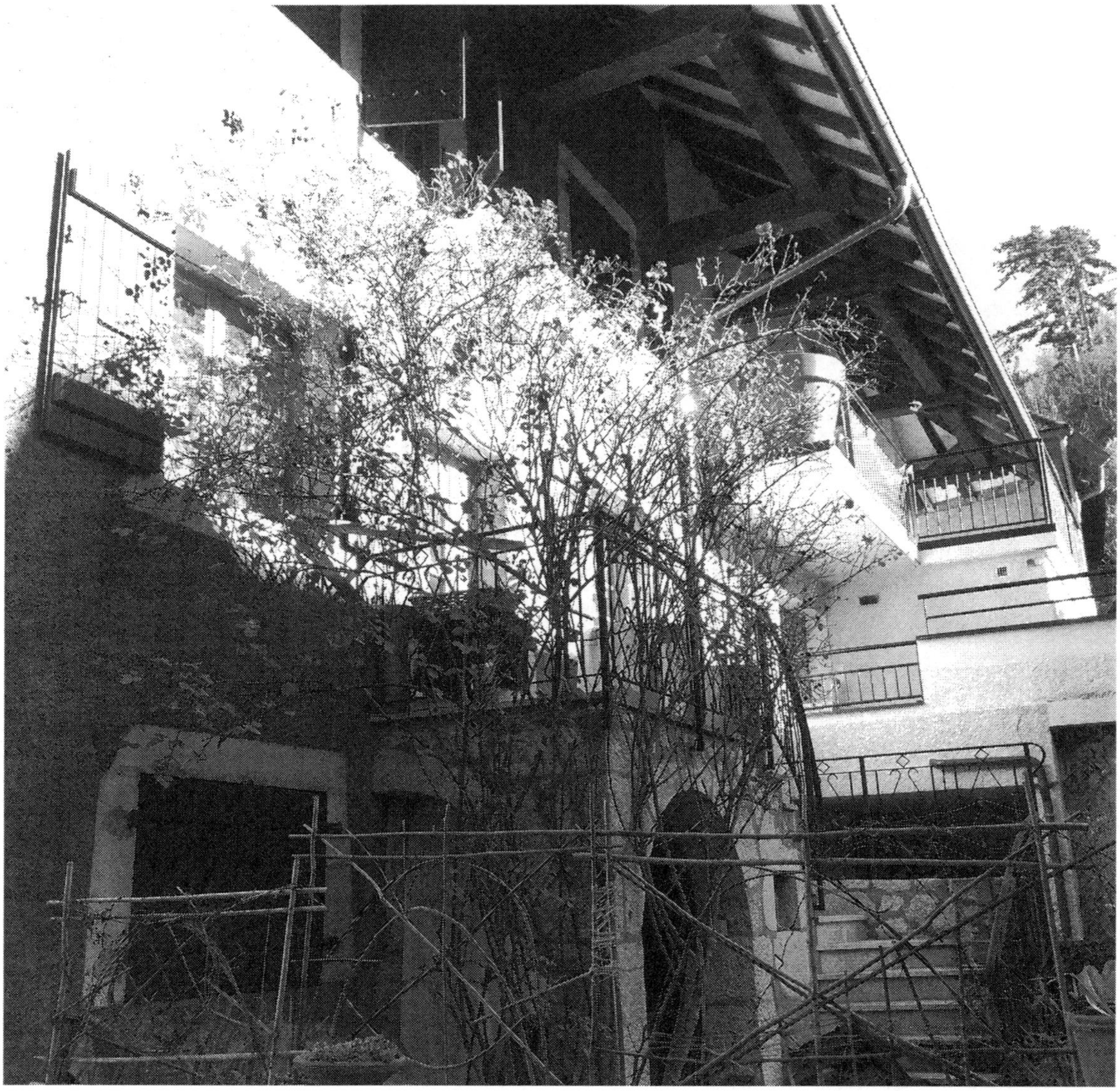

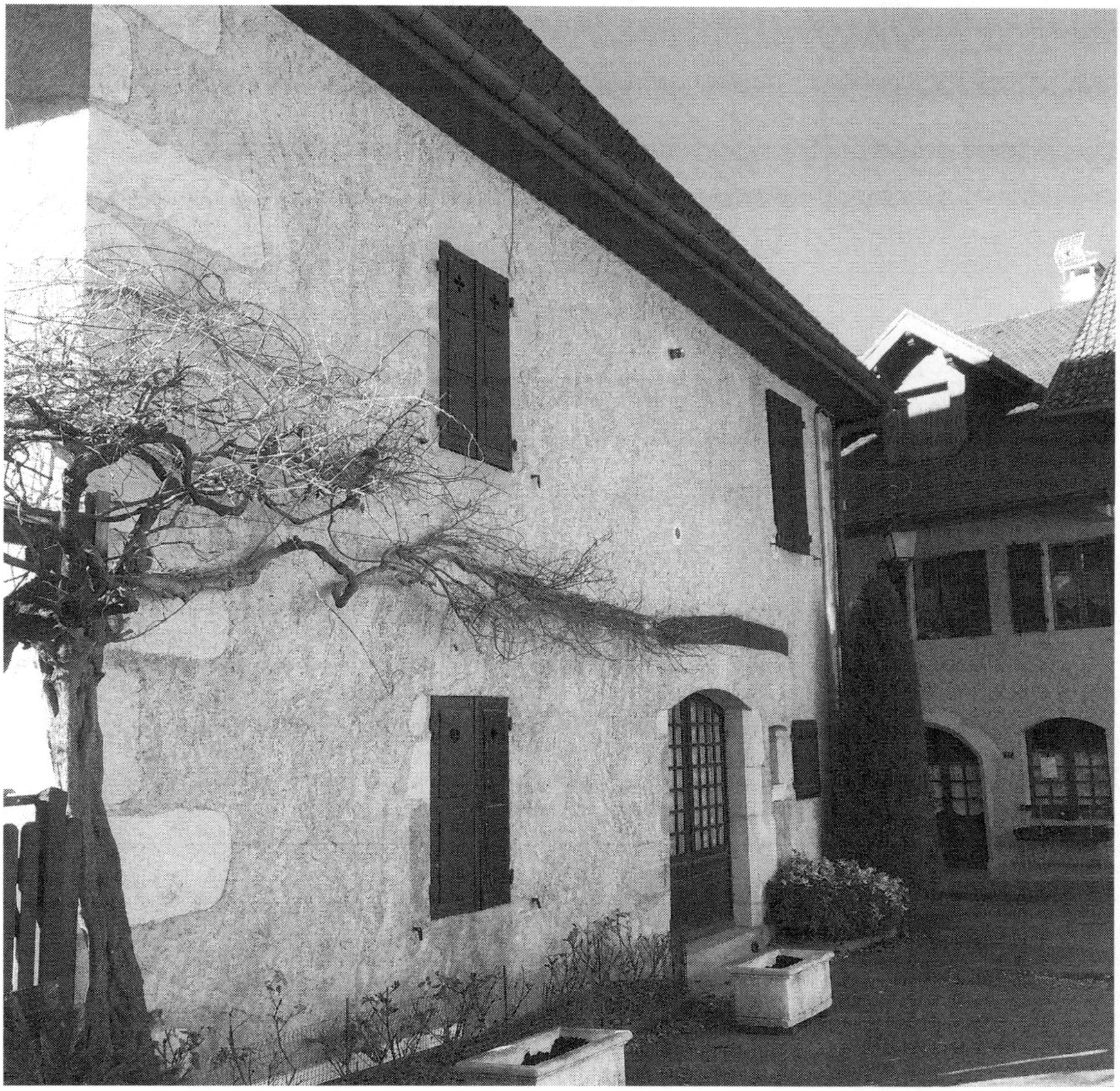

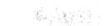

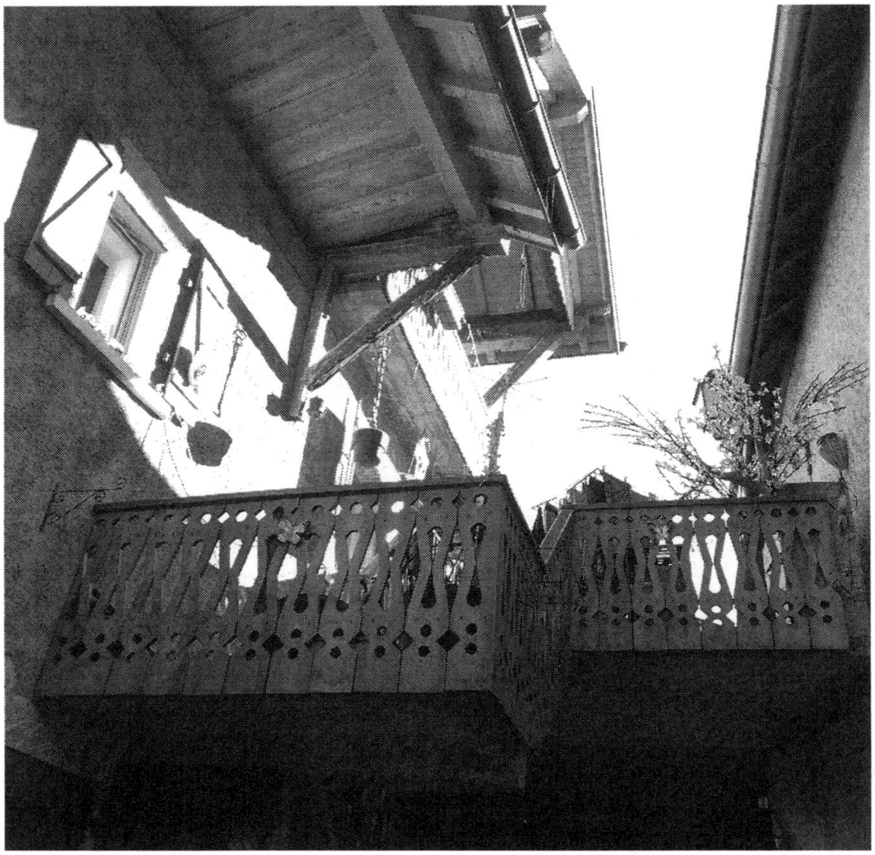

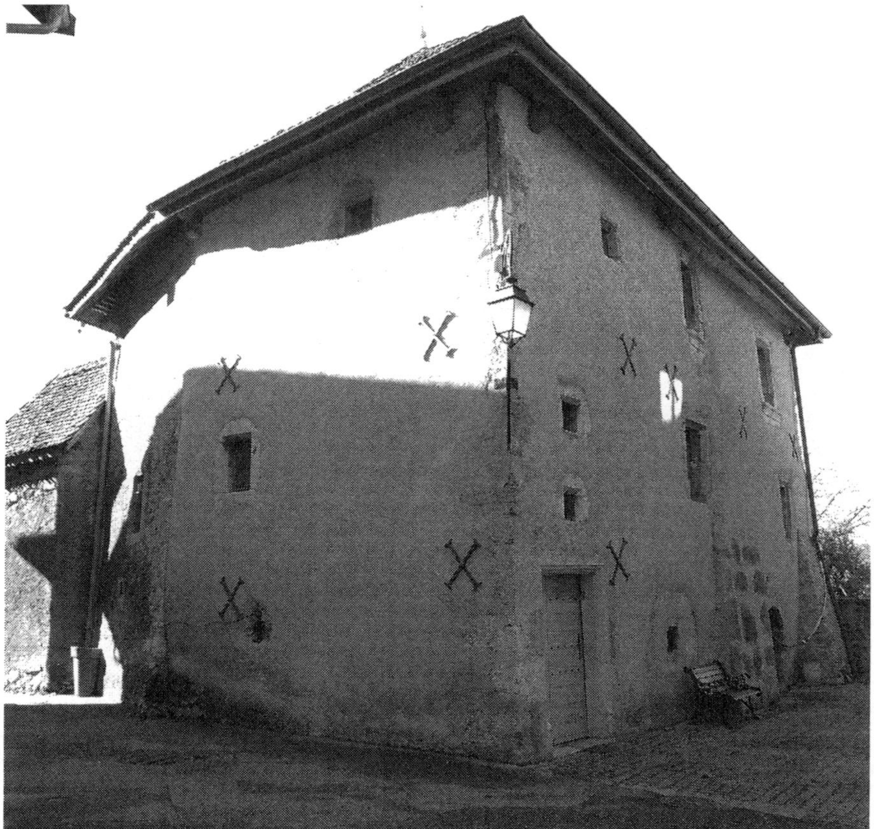

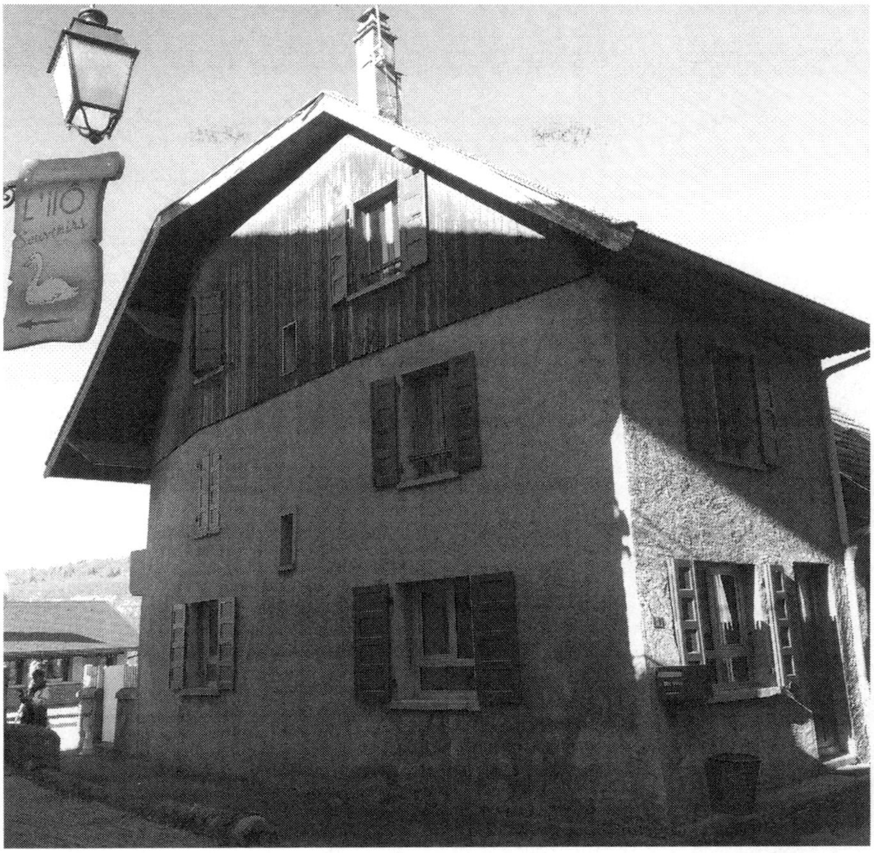

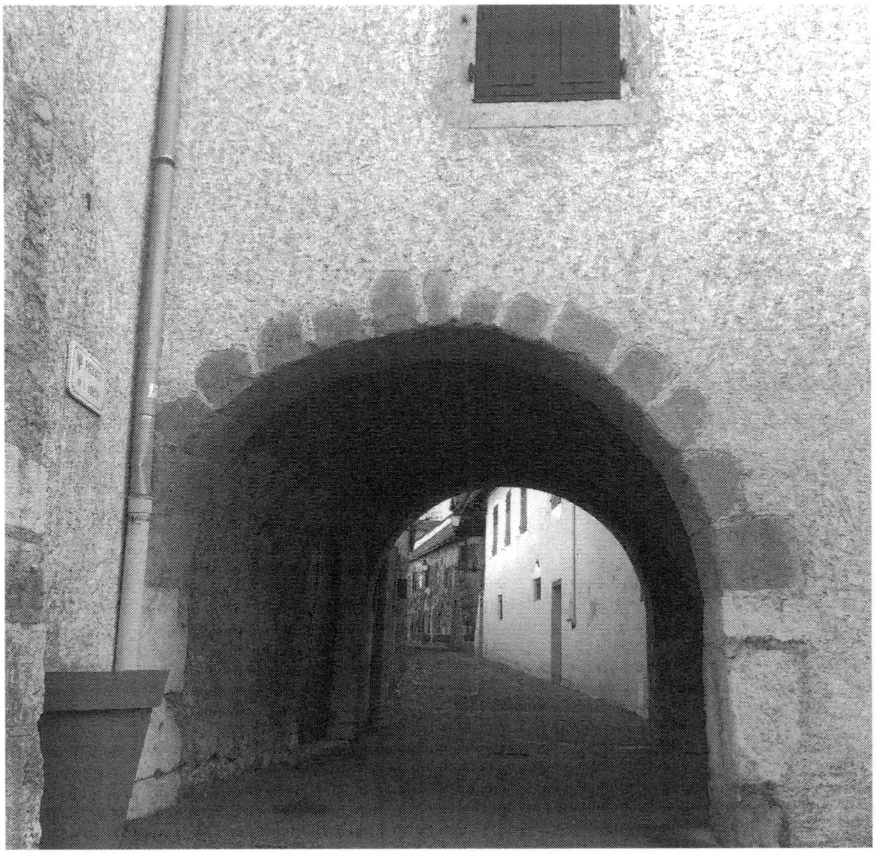

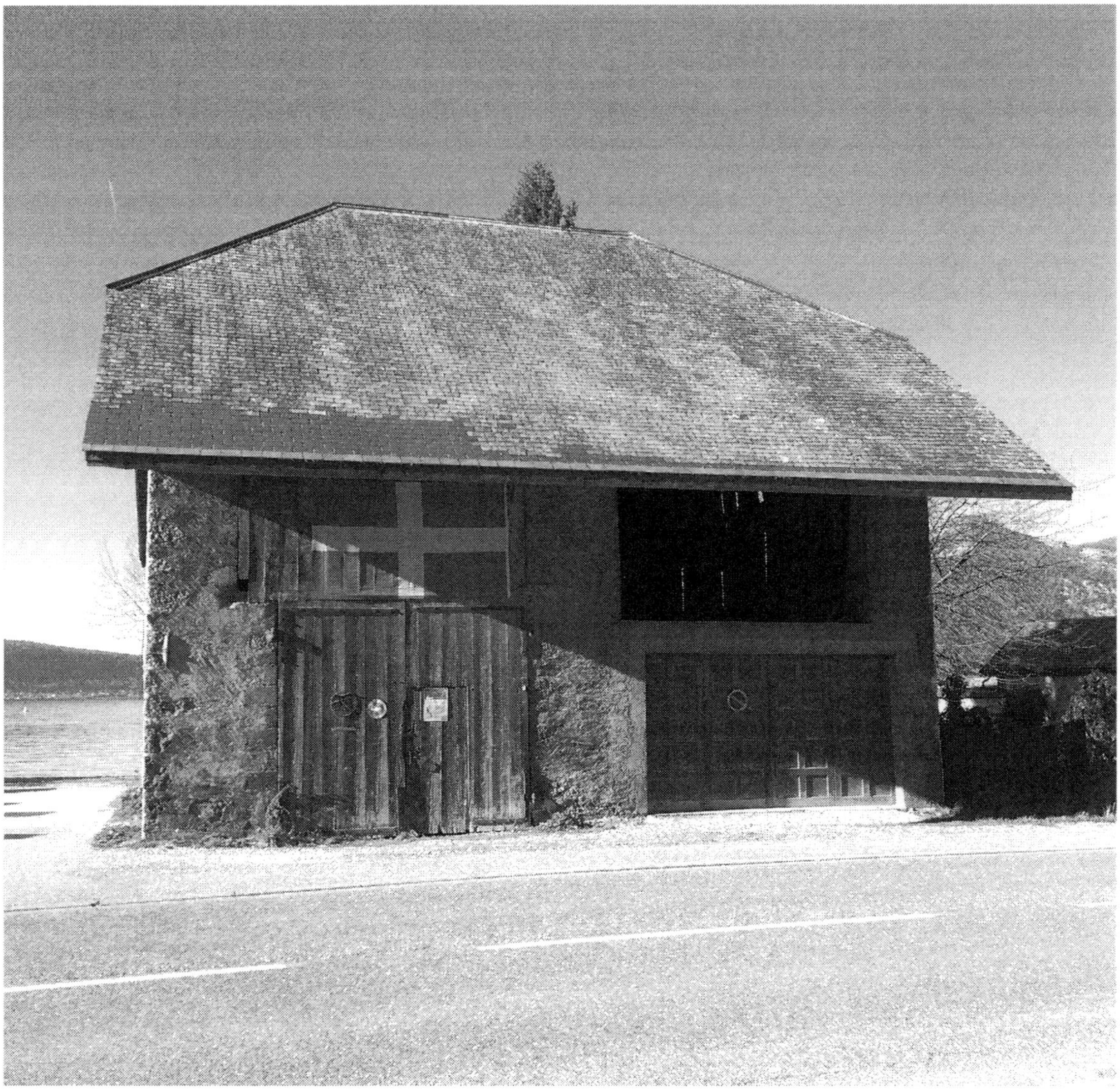

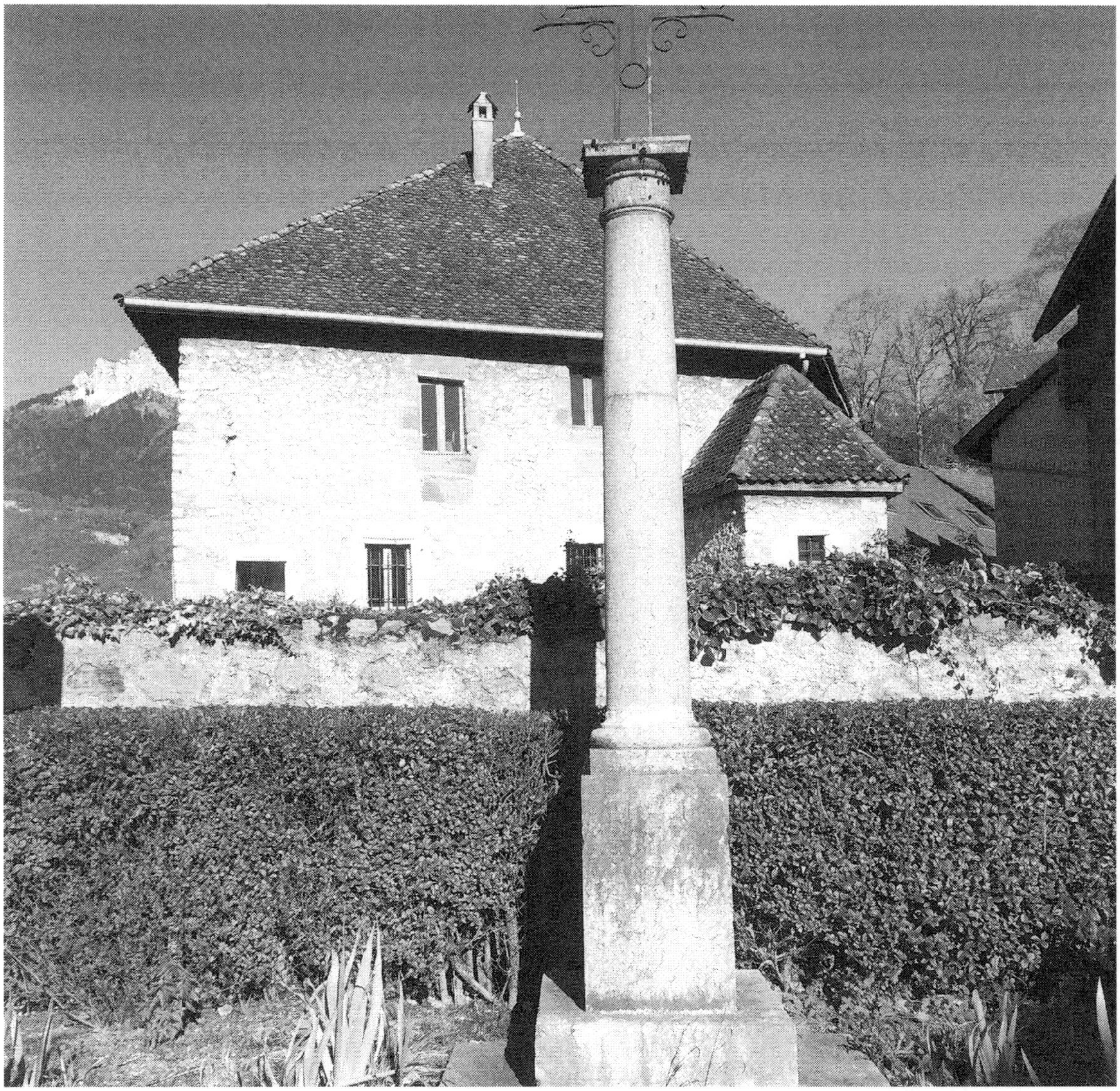

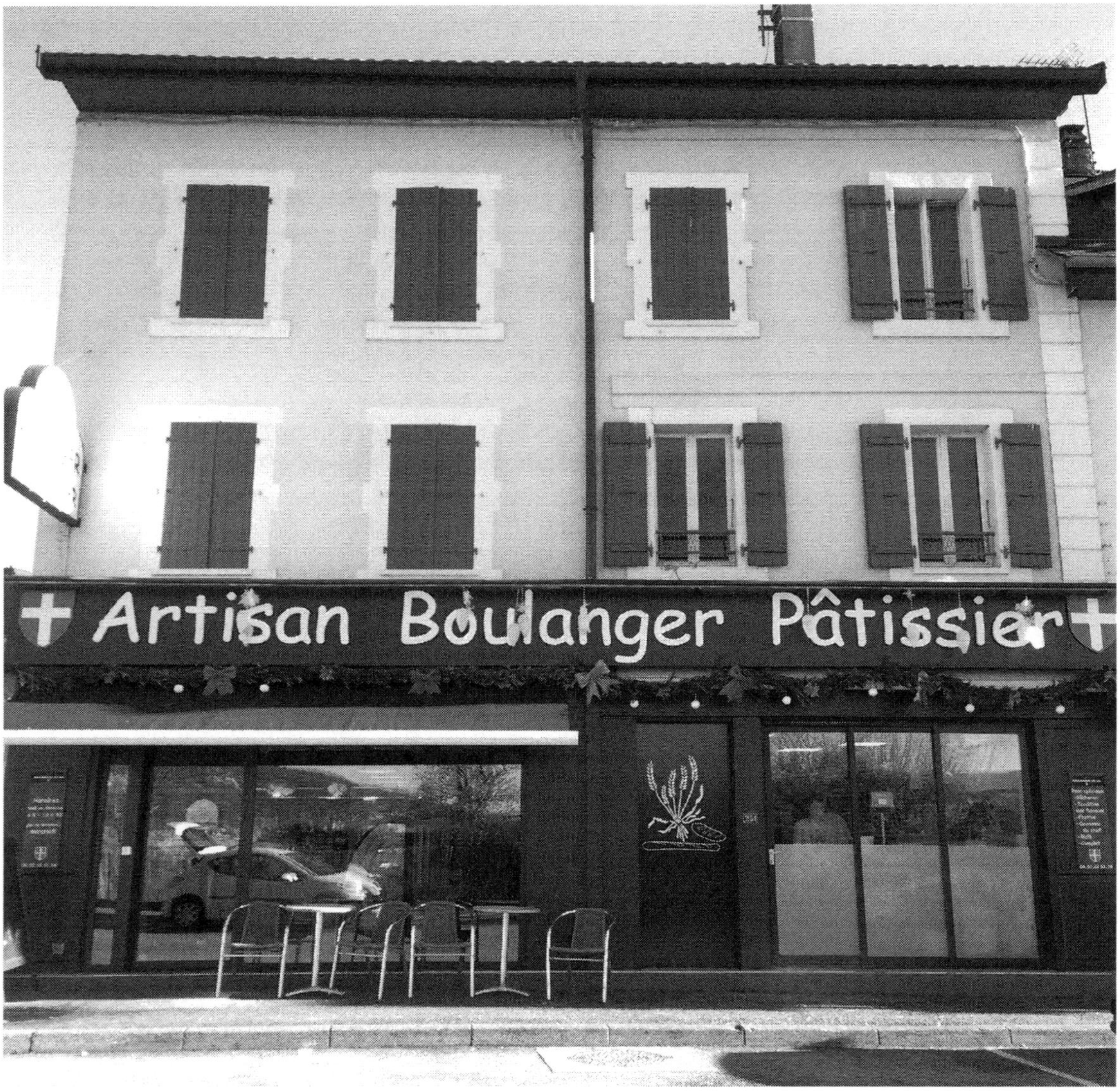
Artisan Boulanger Pâtissier

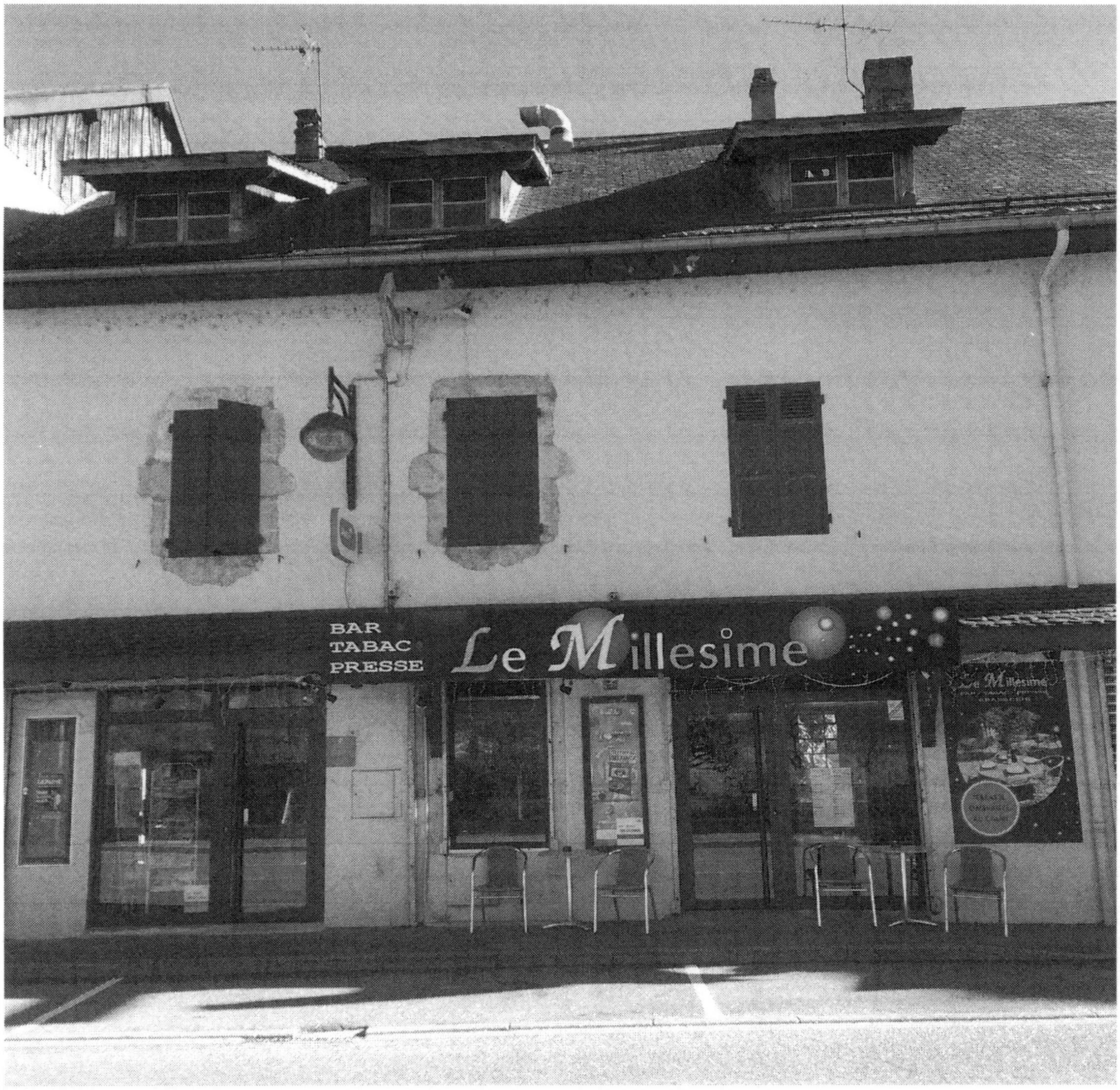
BAR
TABAC
PRESSE
Le Millesime

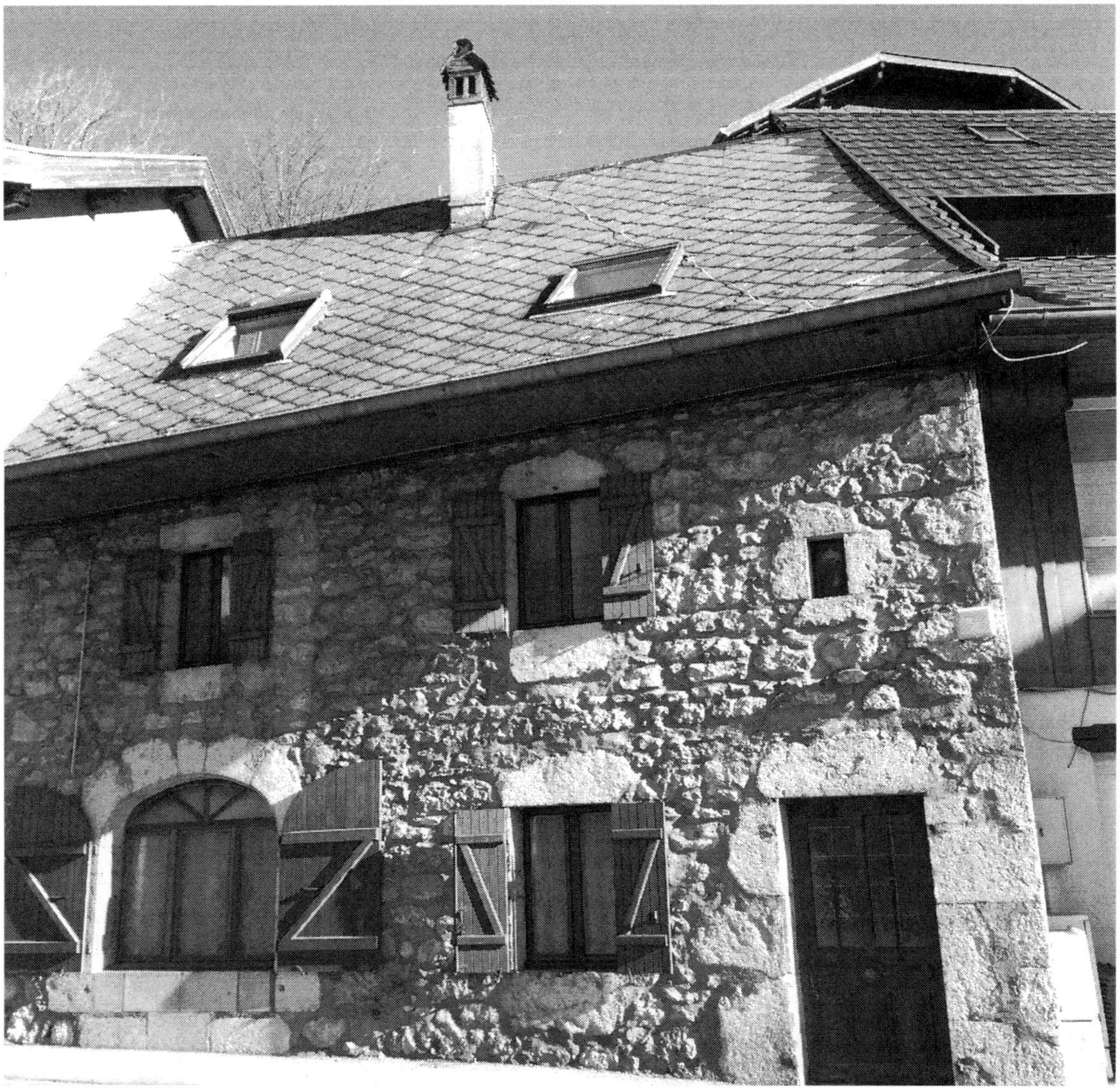

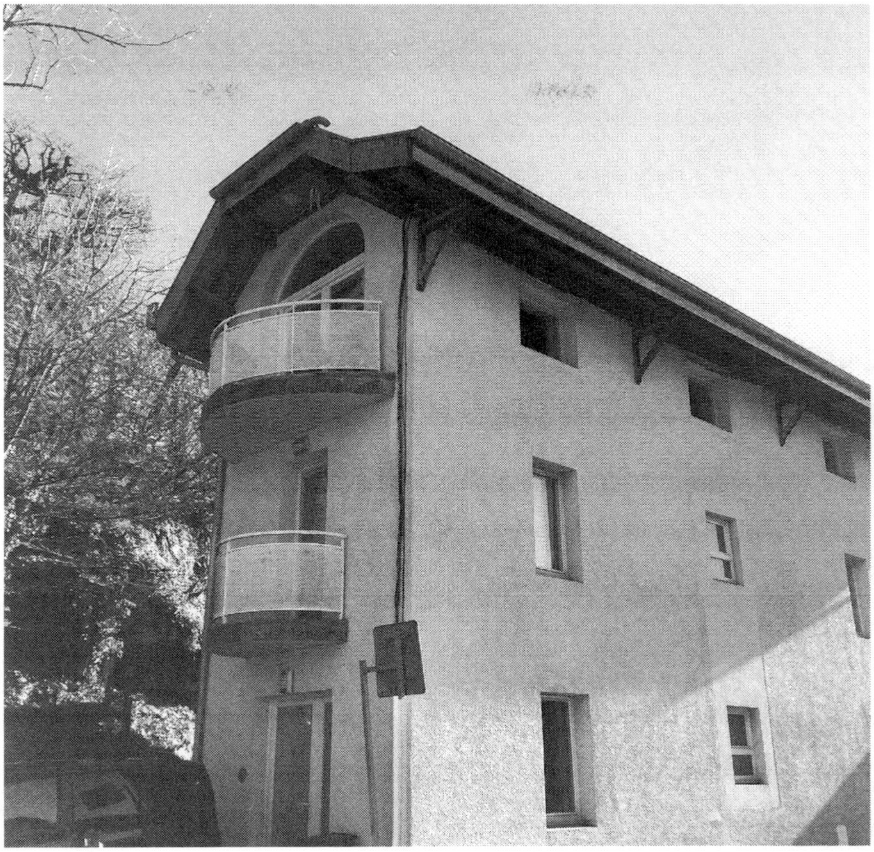

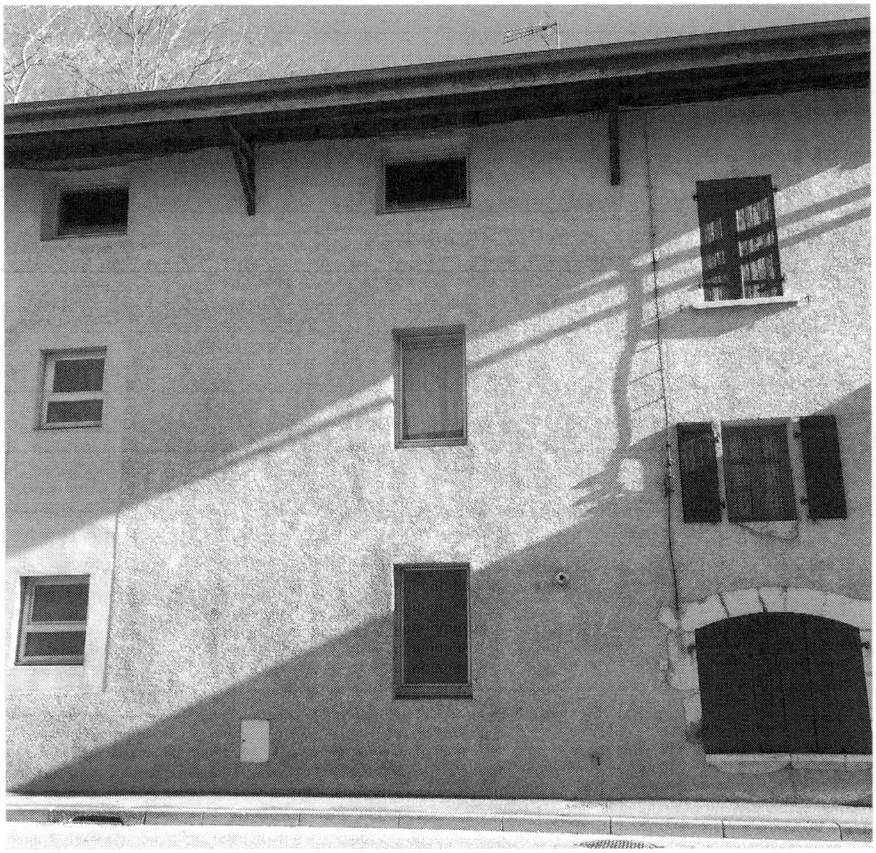

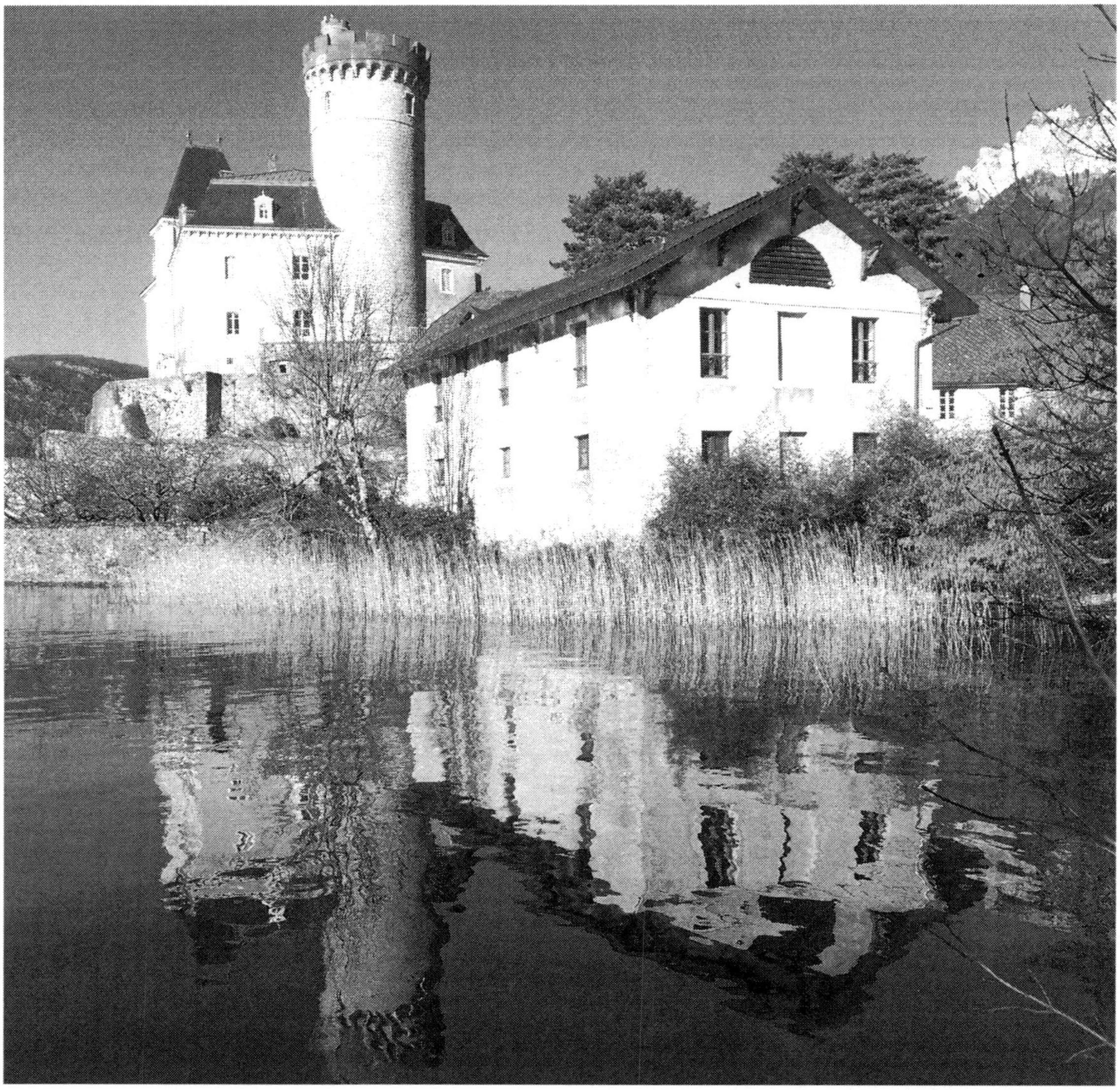

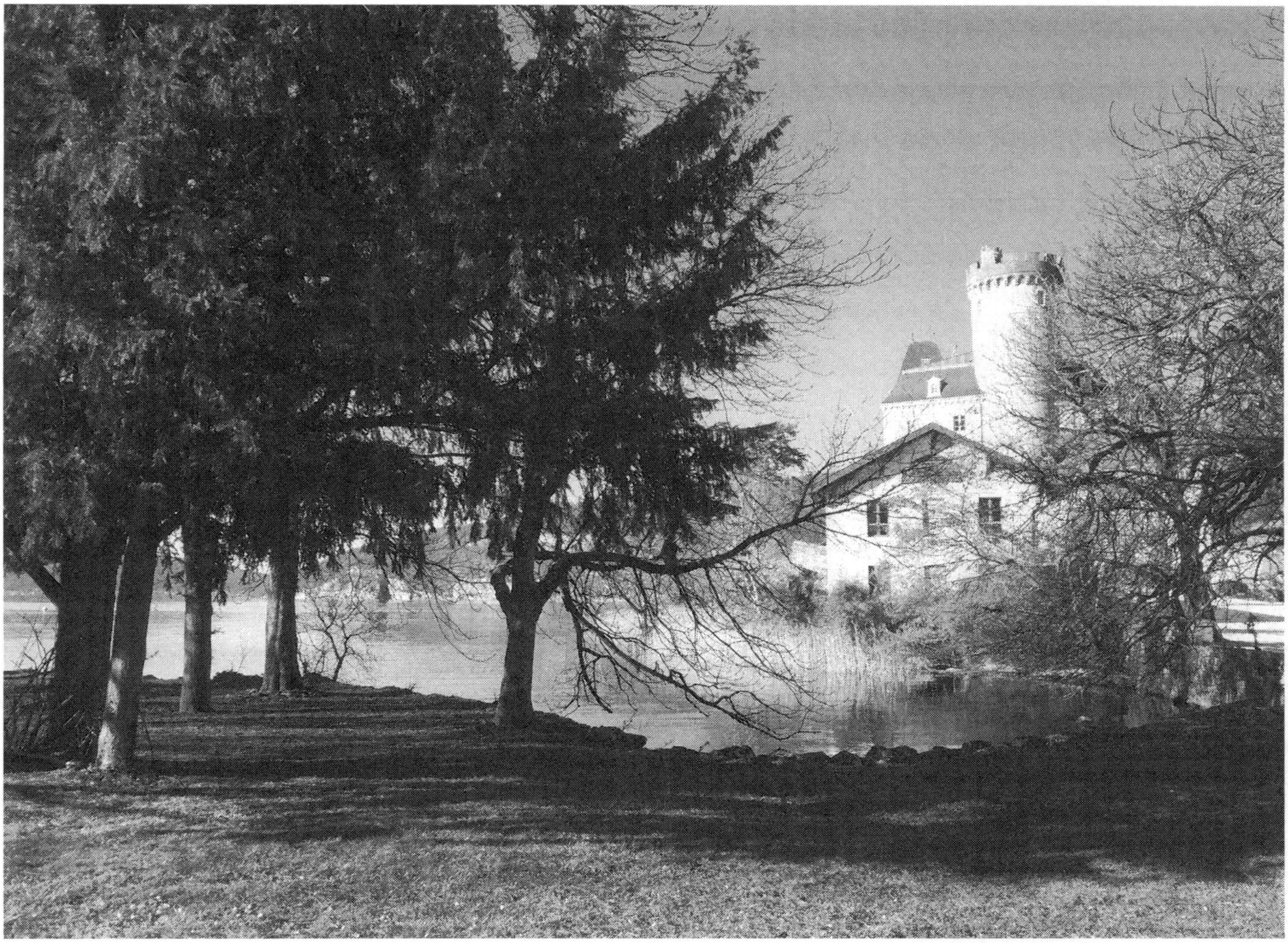

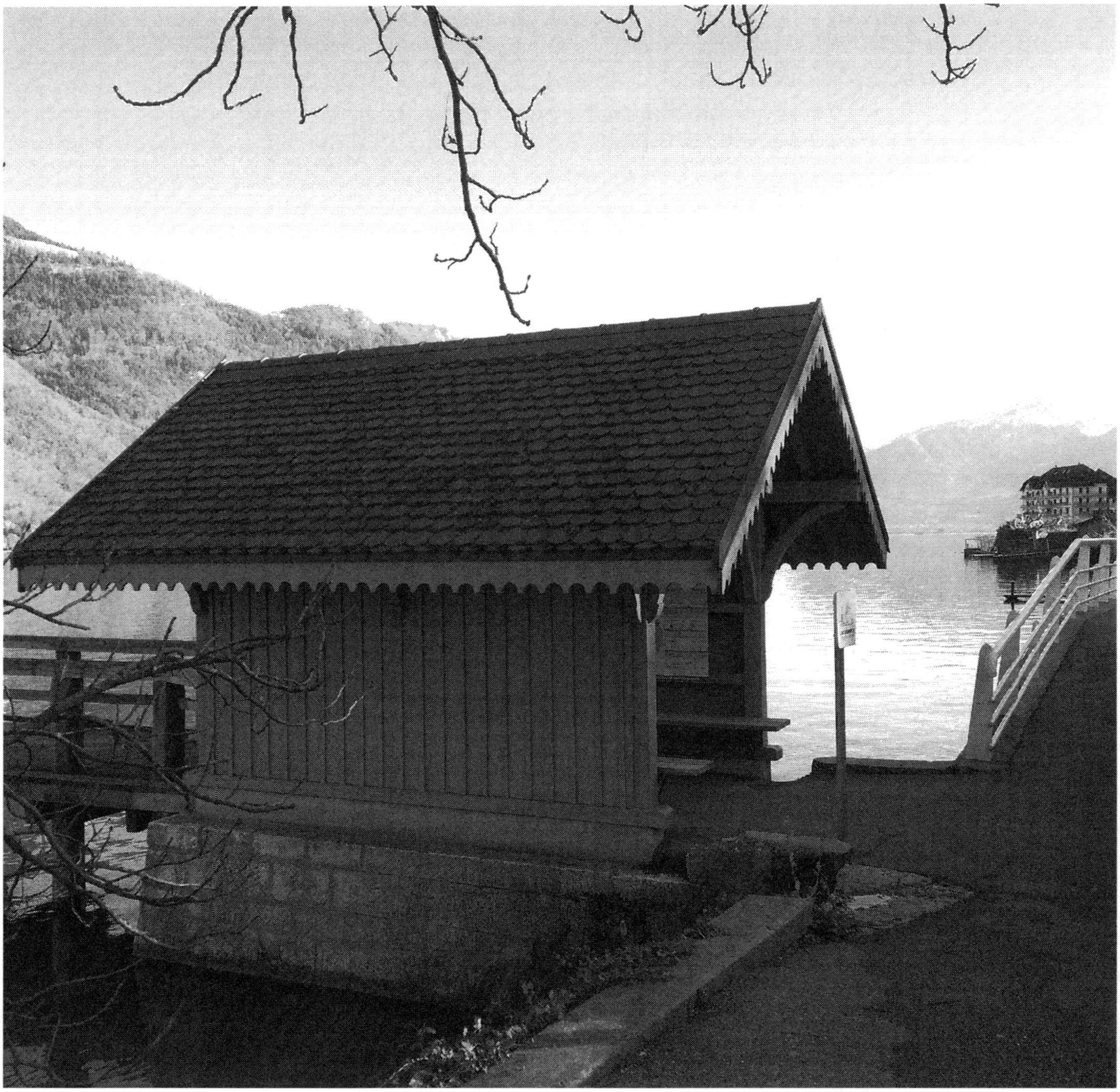

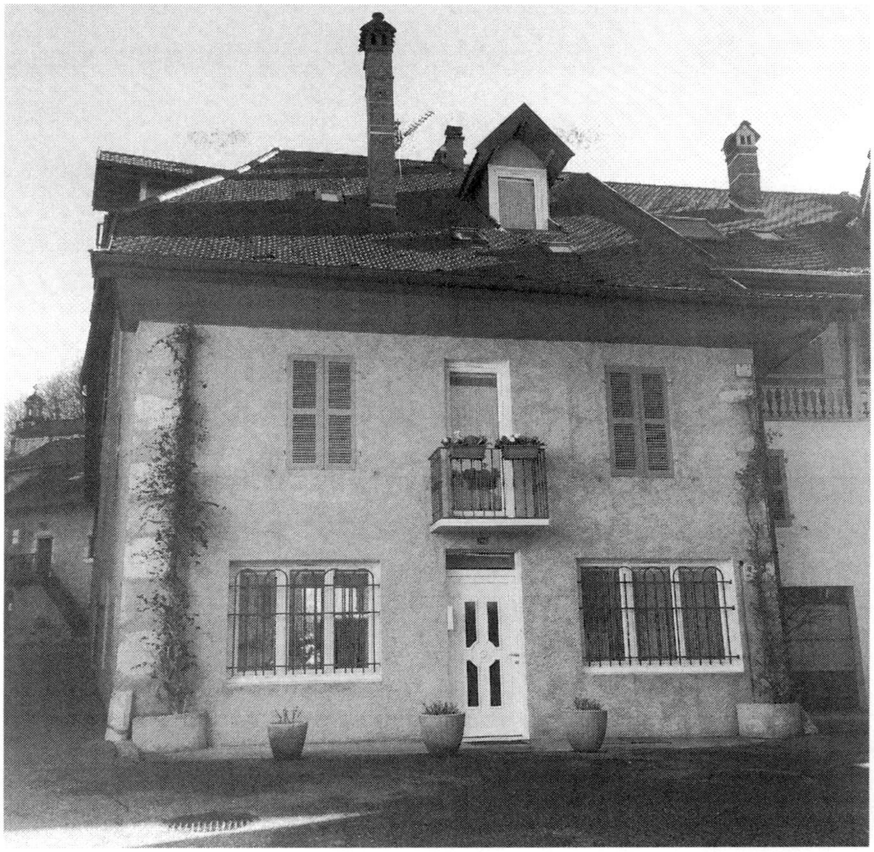

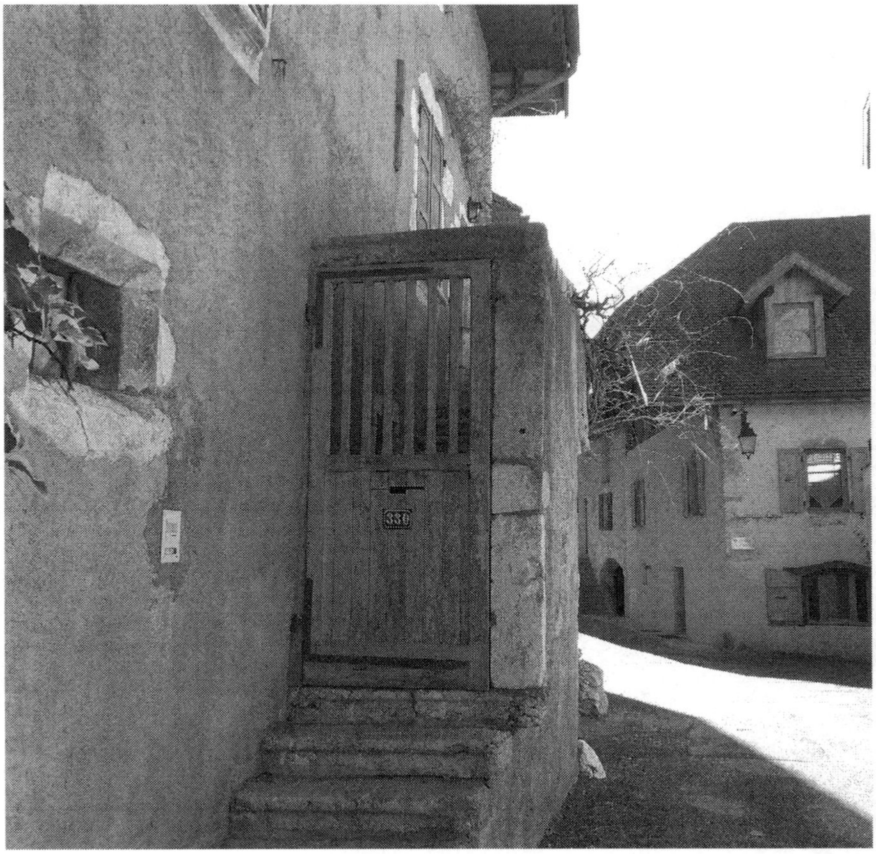
336

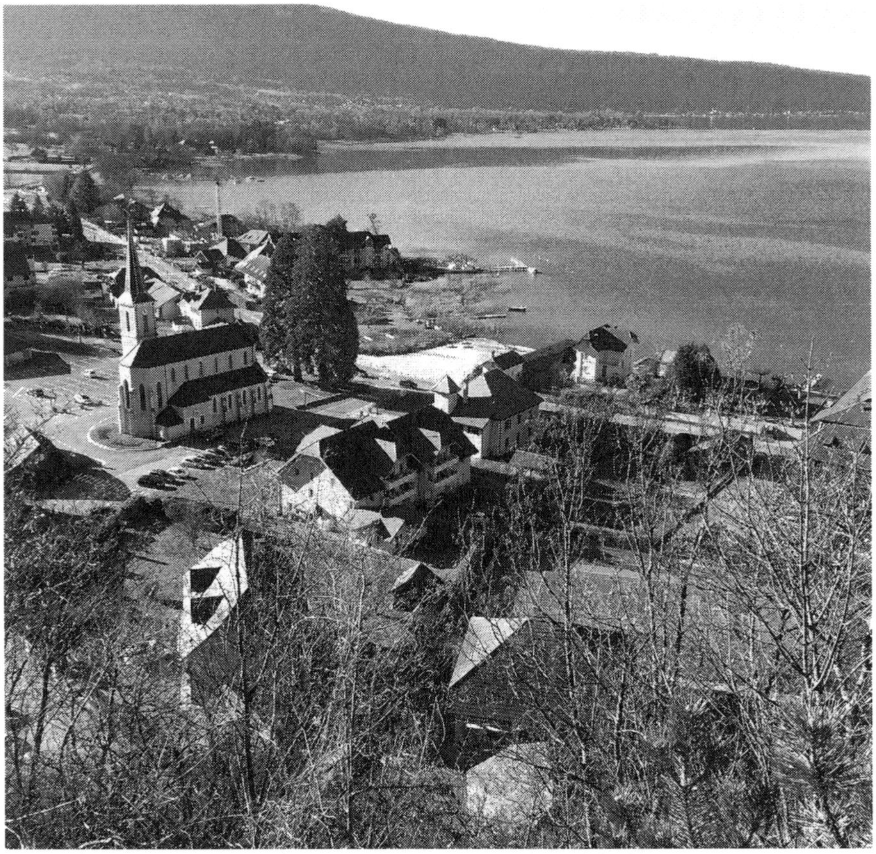

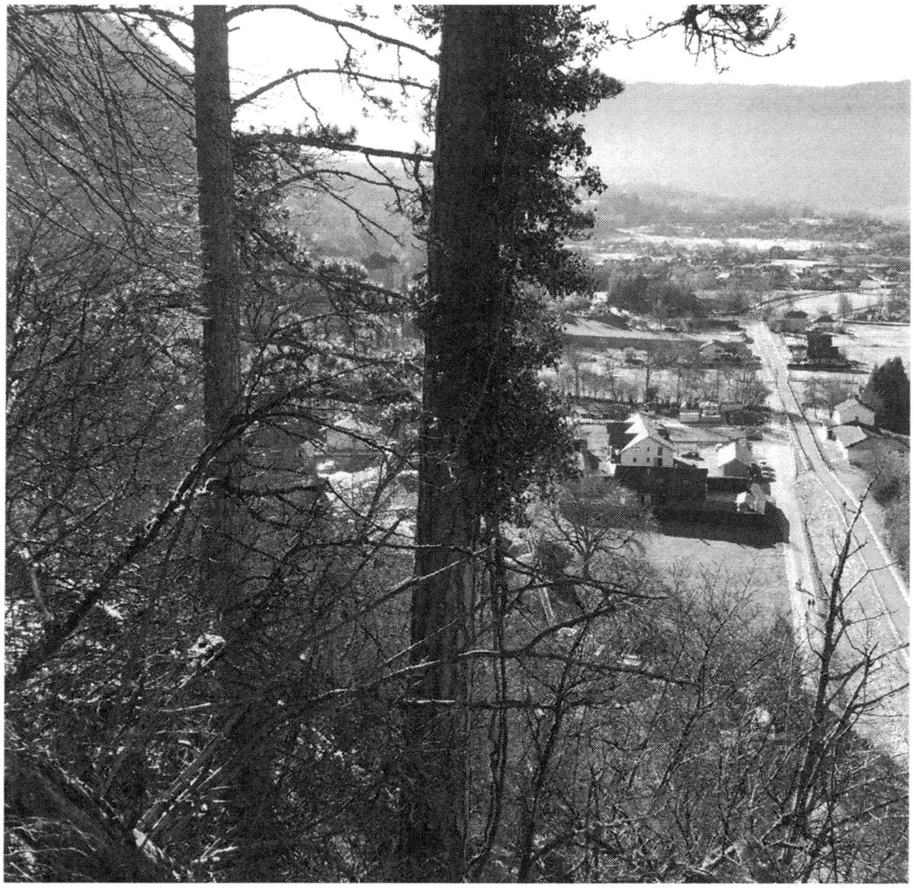

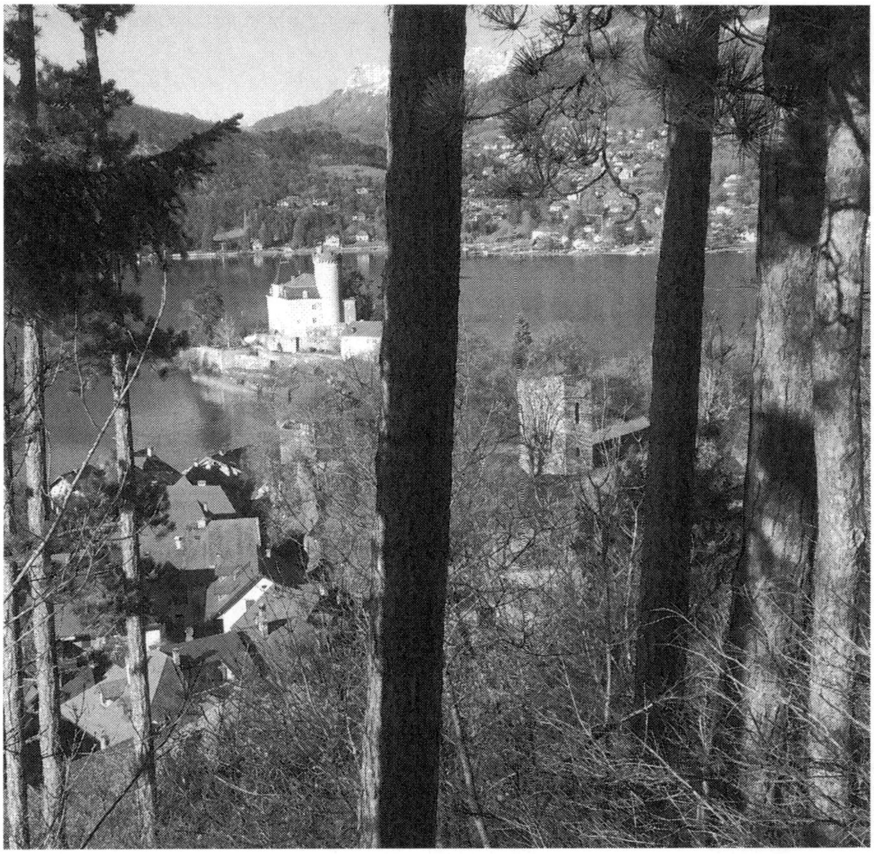

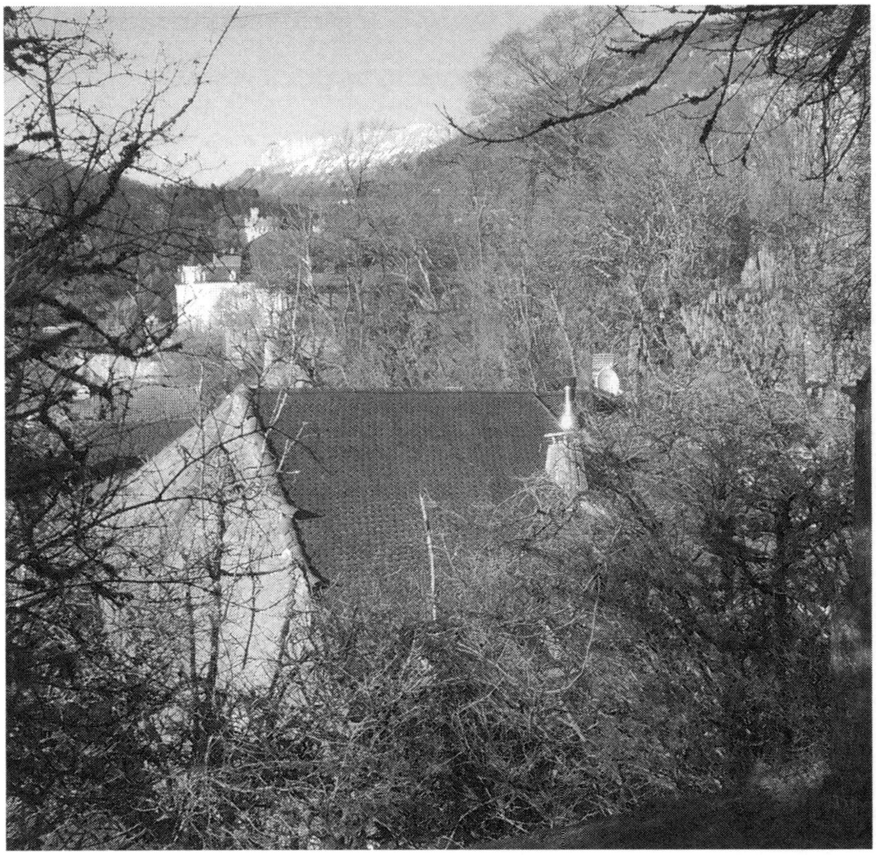

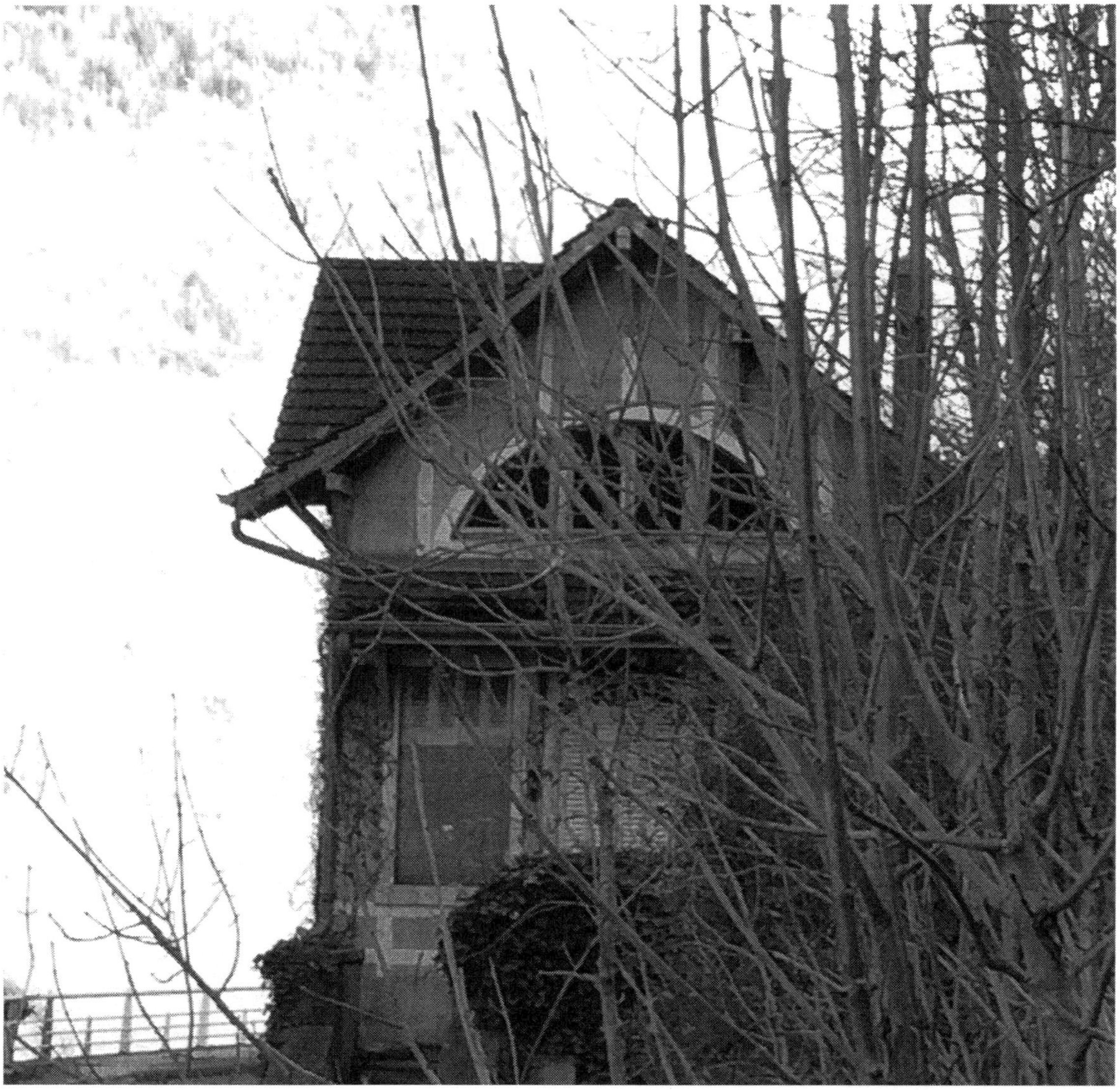

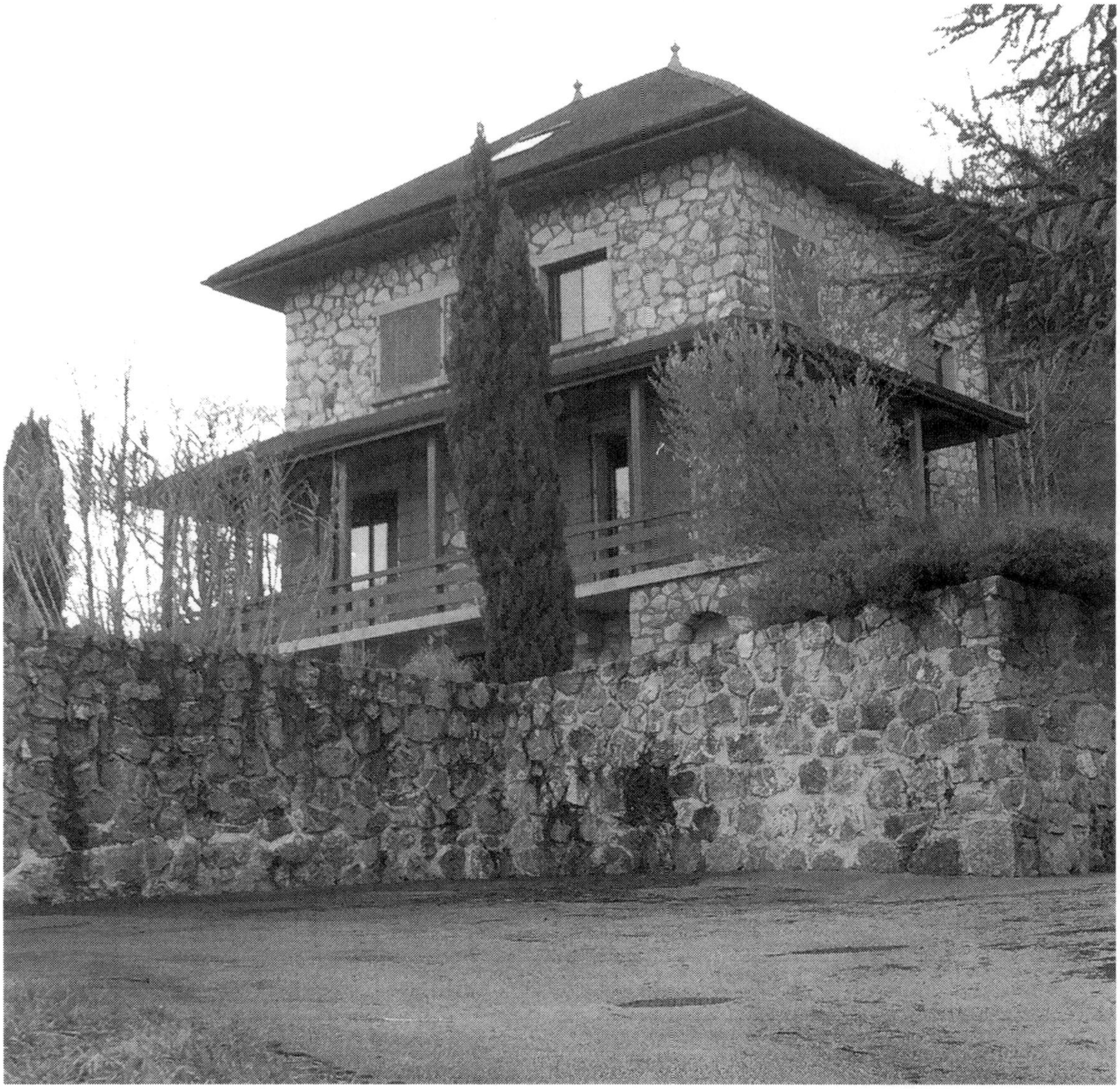

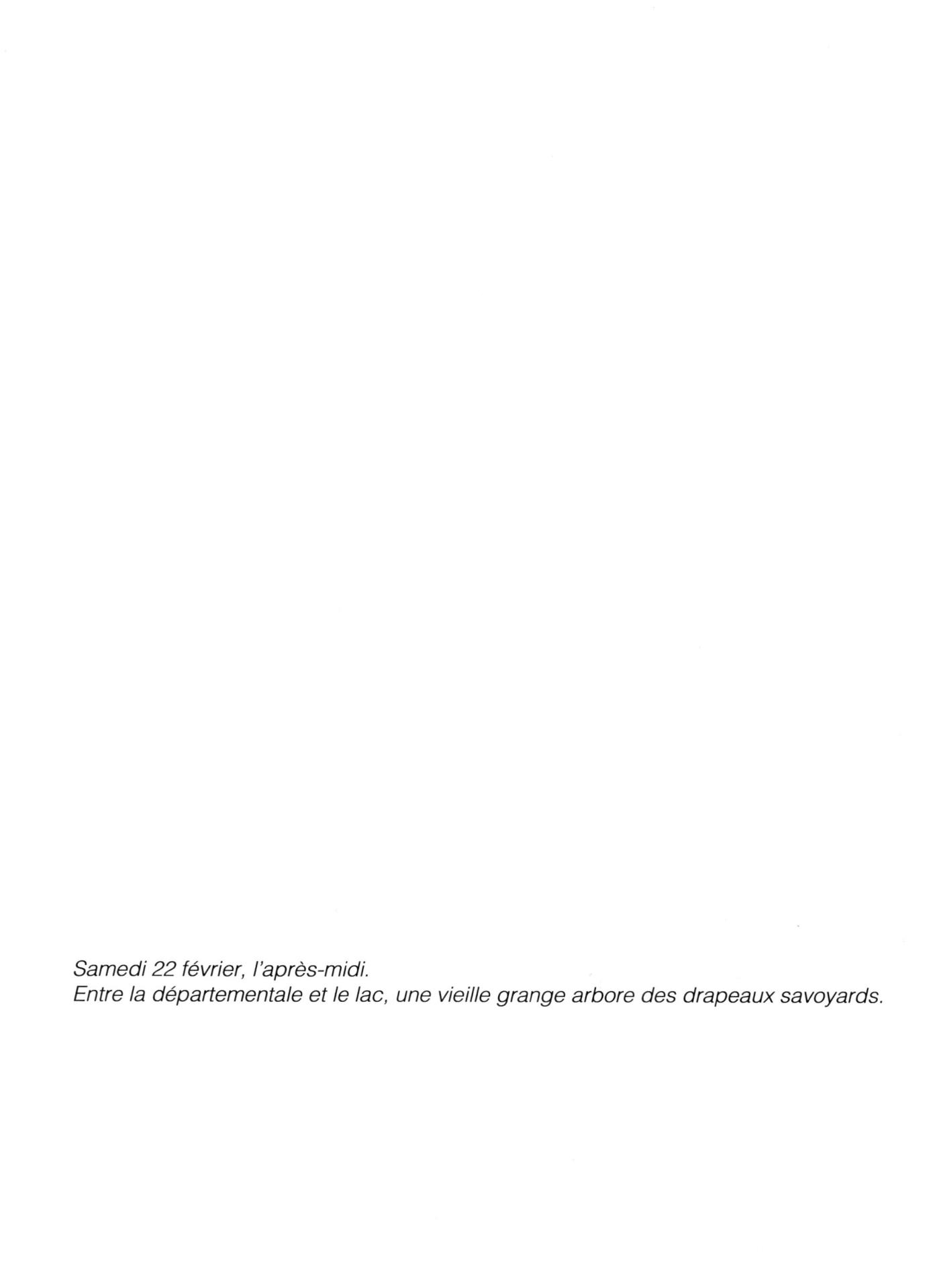

*Samedi 22 février, l'après-midi.
Entre la départementale et le lac, une vieille grange arbore des drapeaux savoyards.*

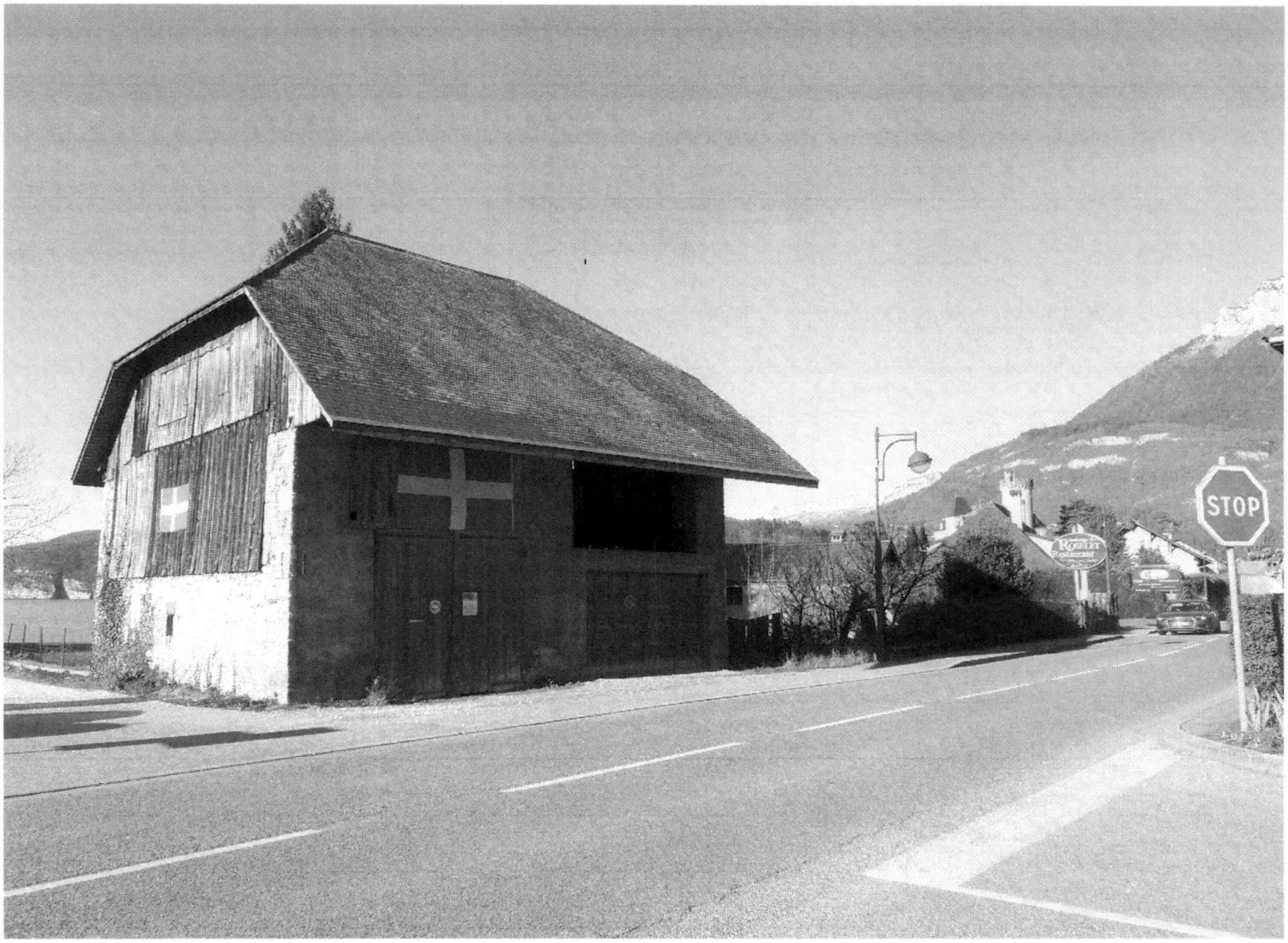
STOP

Arrivée entre les deux séquoias géants devant l'église, je vois qu'il y a de l'animation sur la place au bord du lac

Je me retourne pour faire ce portrait en pied de l'église.

Dimanche 23 février, l'après-midi.
Il y a un peu de monde au square Saint François de Sales, qui a toujours ma préférence.

Juste après la boulangerie le long de la départementale, j'entre dans le vieux village.

Mardi 17 mars, l'après-midi.
Un couple de cygnes se promène près de la place. L'eau est claire et sa surface à peine froissée par une brise légère.

*Mercredi 18 mars, l'après-midi.
On dirait que ces trois cygnes font de la natation synchronisée.*

Jeudi 28 mai, fin de l'après-midi.
Au-dessus du lac et des nuages, plane un oiseau.

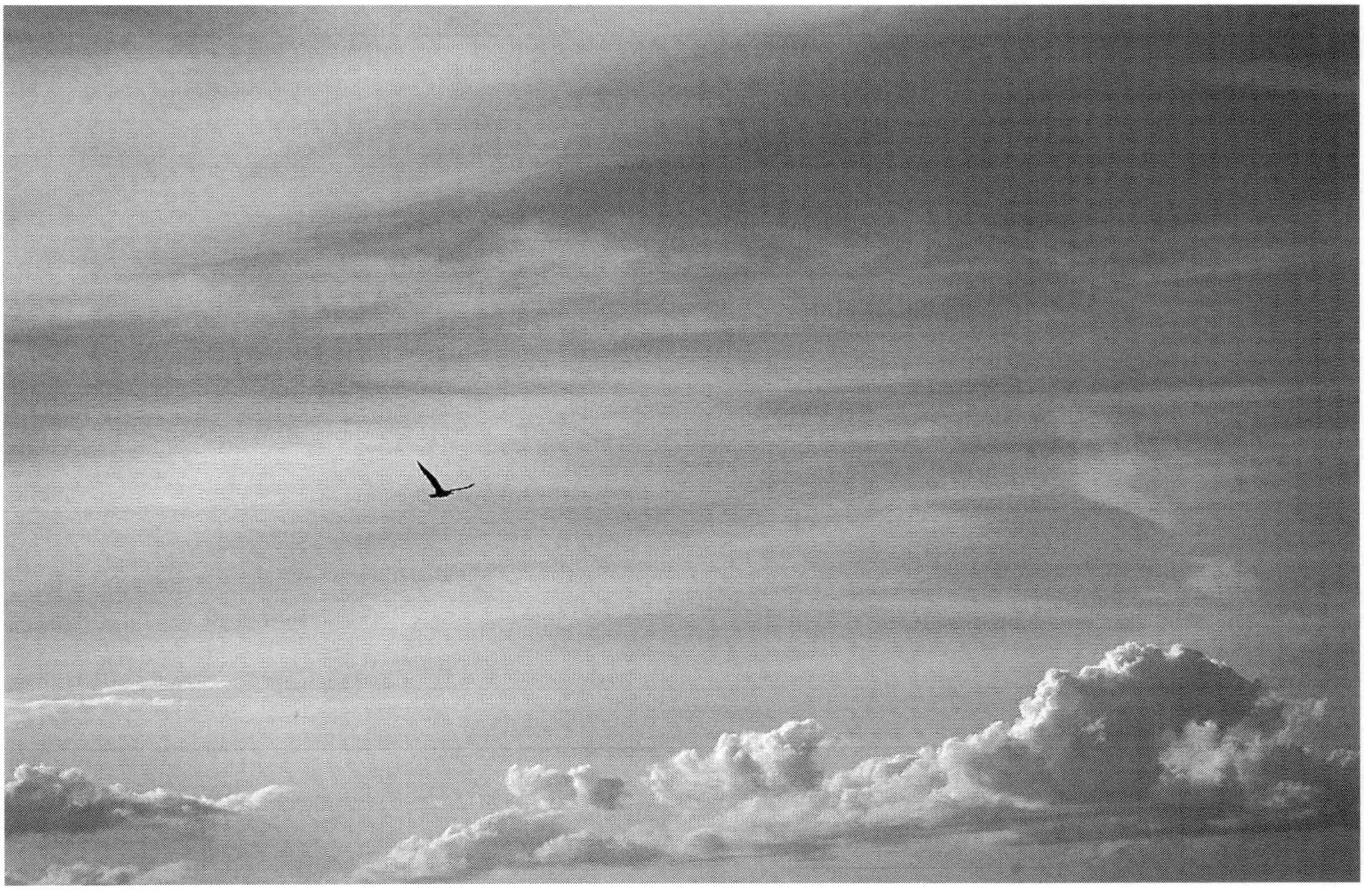

Dimanche 31 mai, fin de l'après-midi.
Mon regard embrasse les Dents de Lanfon et le château, les autres montagnes et le lac.

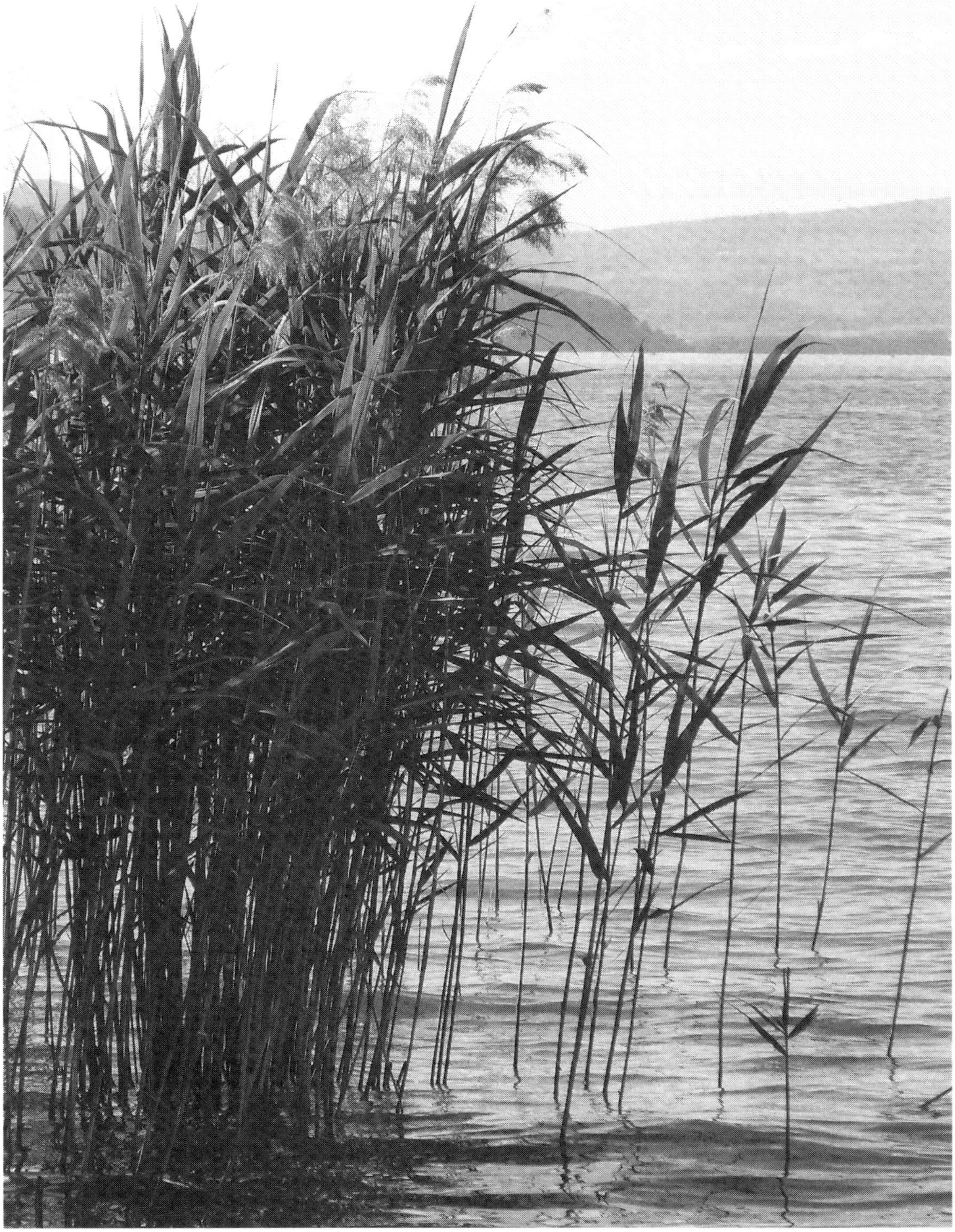

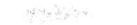

Juste avant de partir, je tire le portrait de cette cane et de son ombre se baladant sur la place.

Samedi 6 juin, le matin.
Deux canetons passent ensemble devant moi. Instant magique.

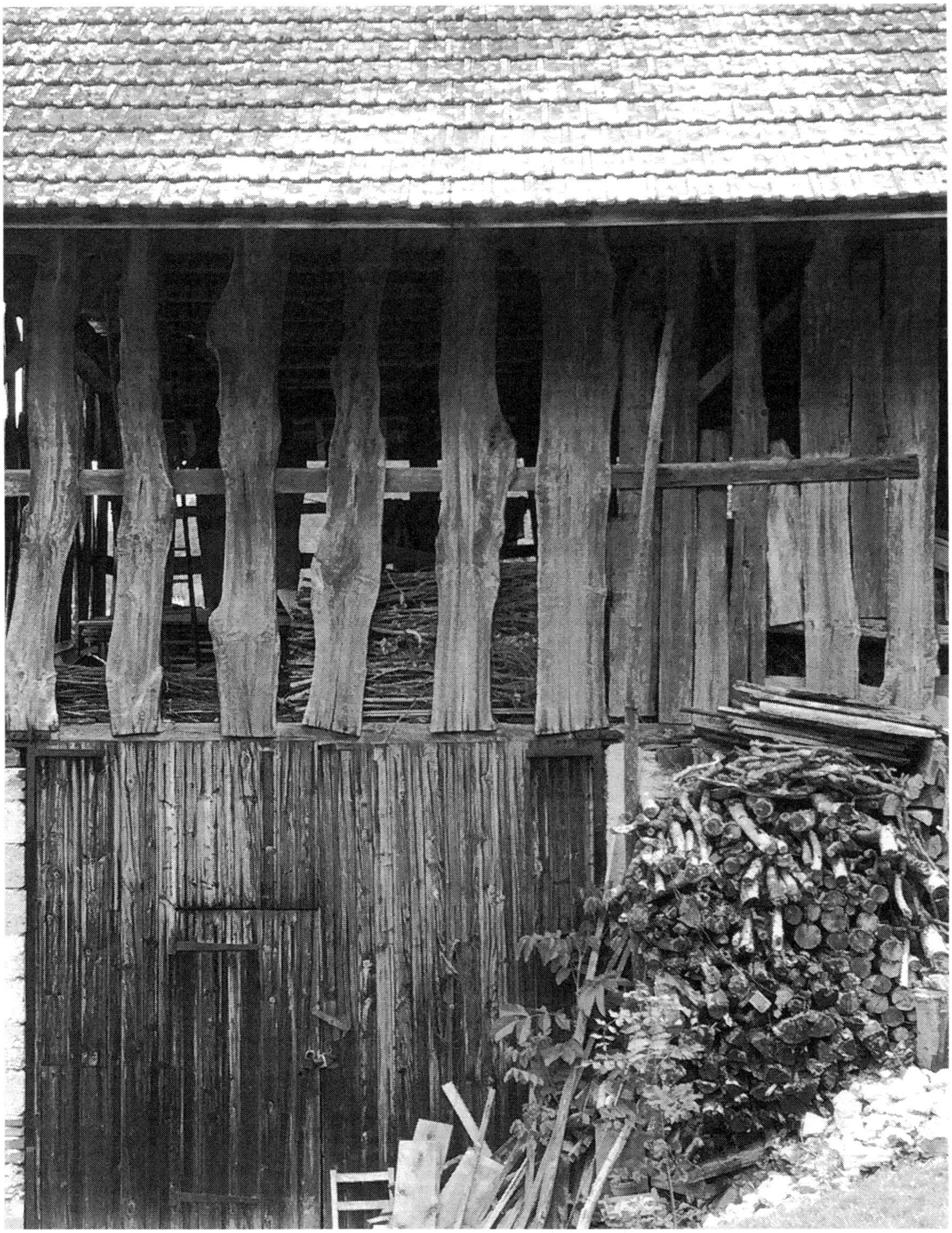

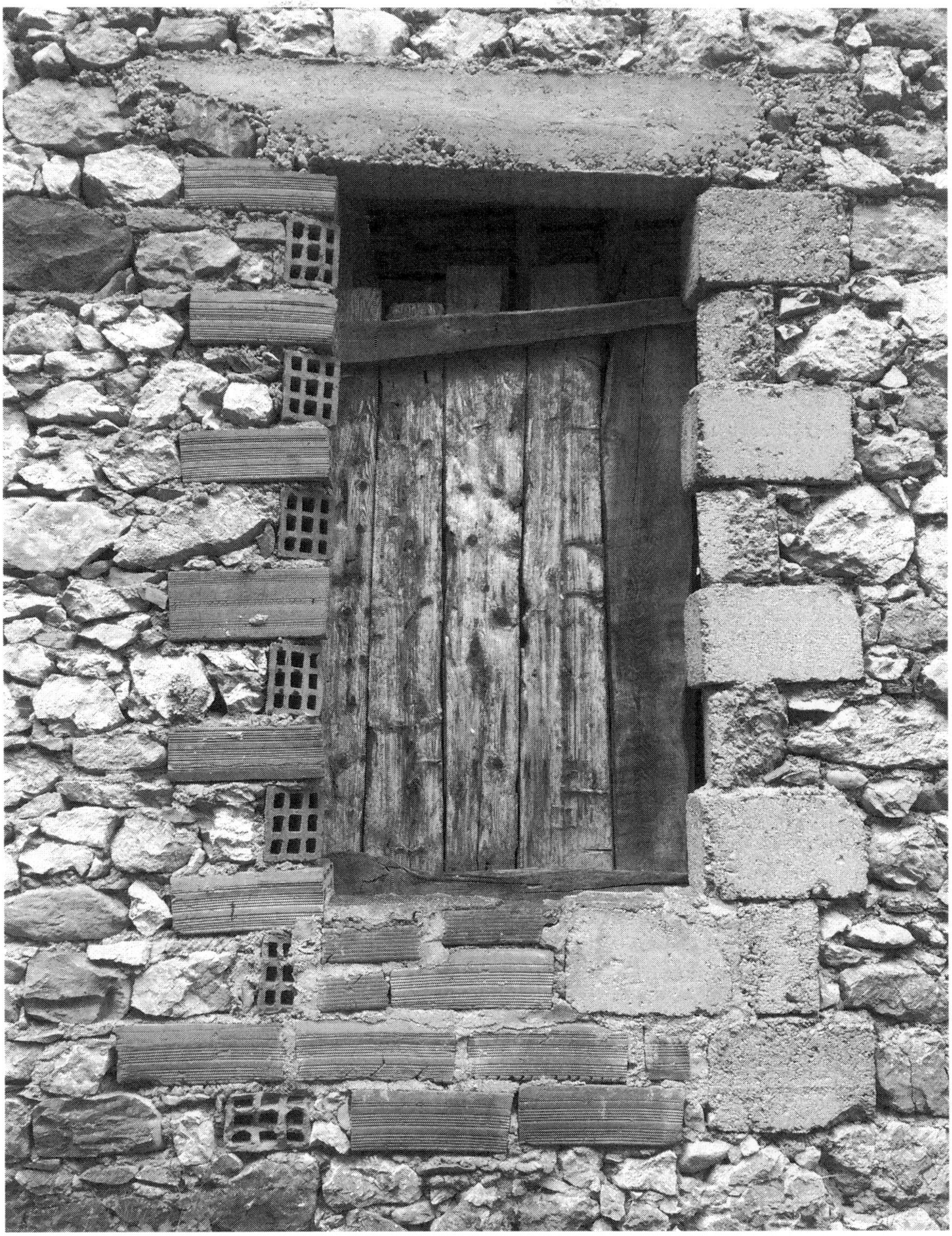

Jeudi 11 juin, le matin.
En longeant la grange devant laquelle je passe chaque fois que je me promène à Duingt, j'aperçois à quelques pas de moi un lucane, tel un bijou cerf-volant posé dans un écrin minéral.

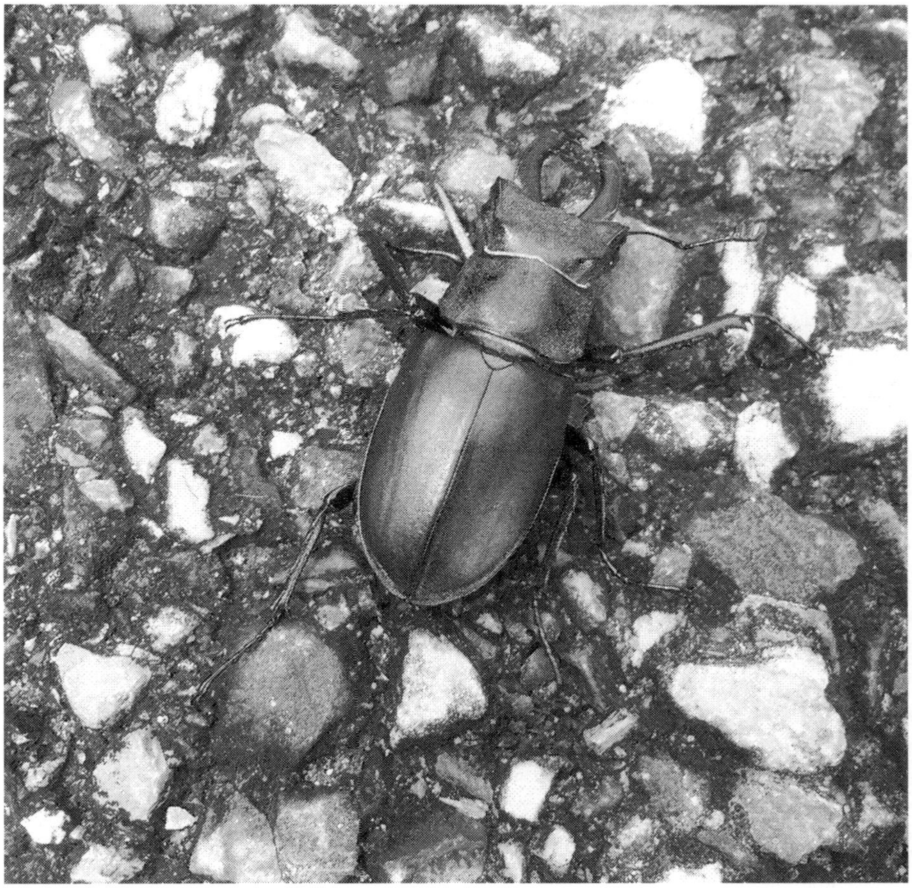

Mercredi 5 août, tôt le matin.
Depuis le belvédère, je vois presque toute la place, où se discernent trois losanges blancs.

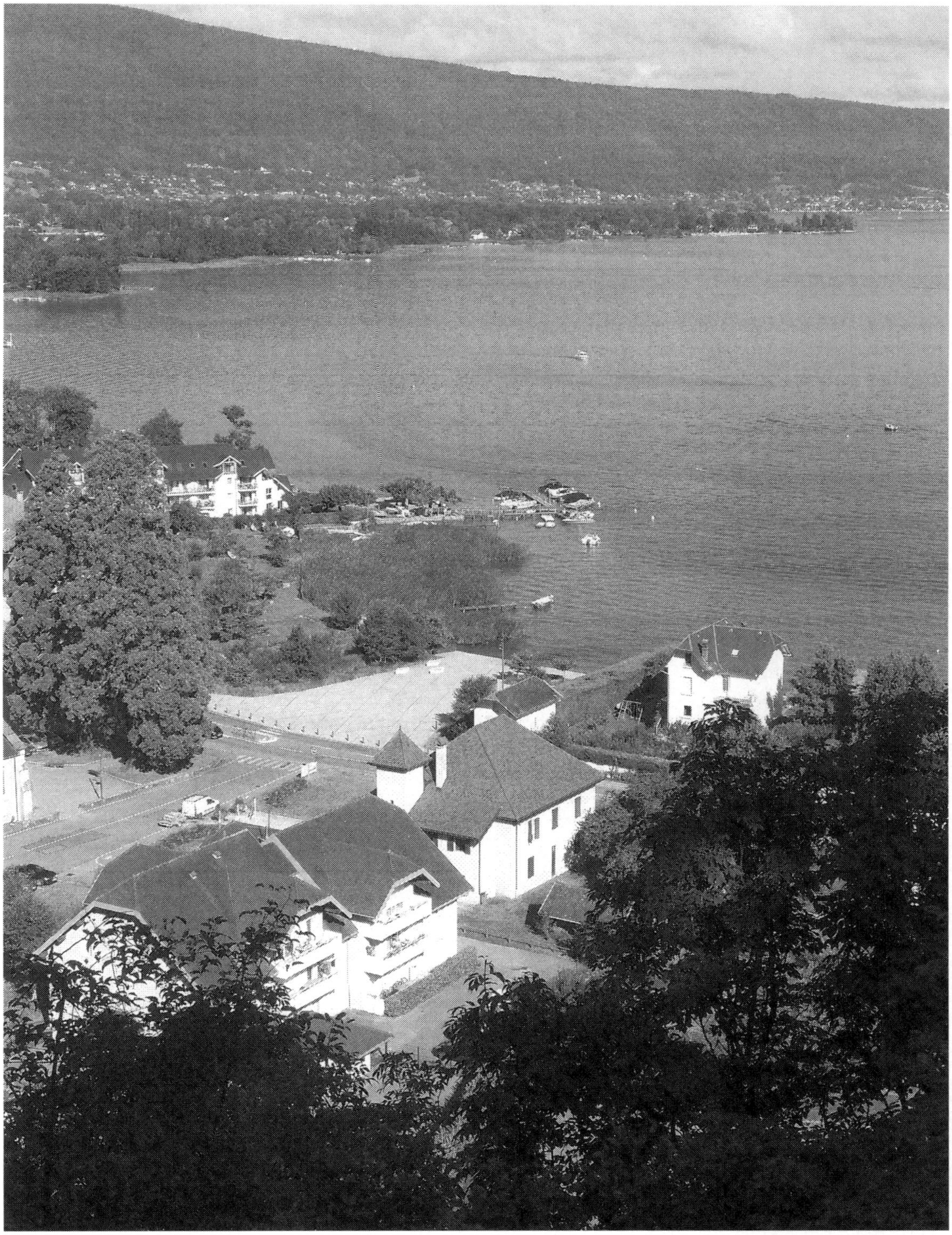

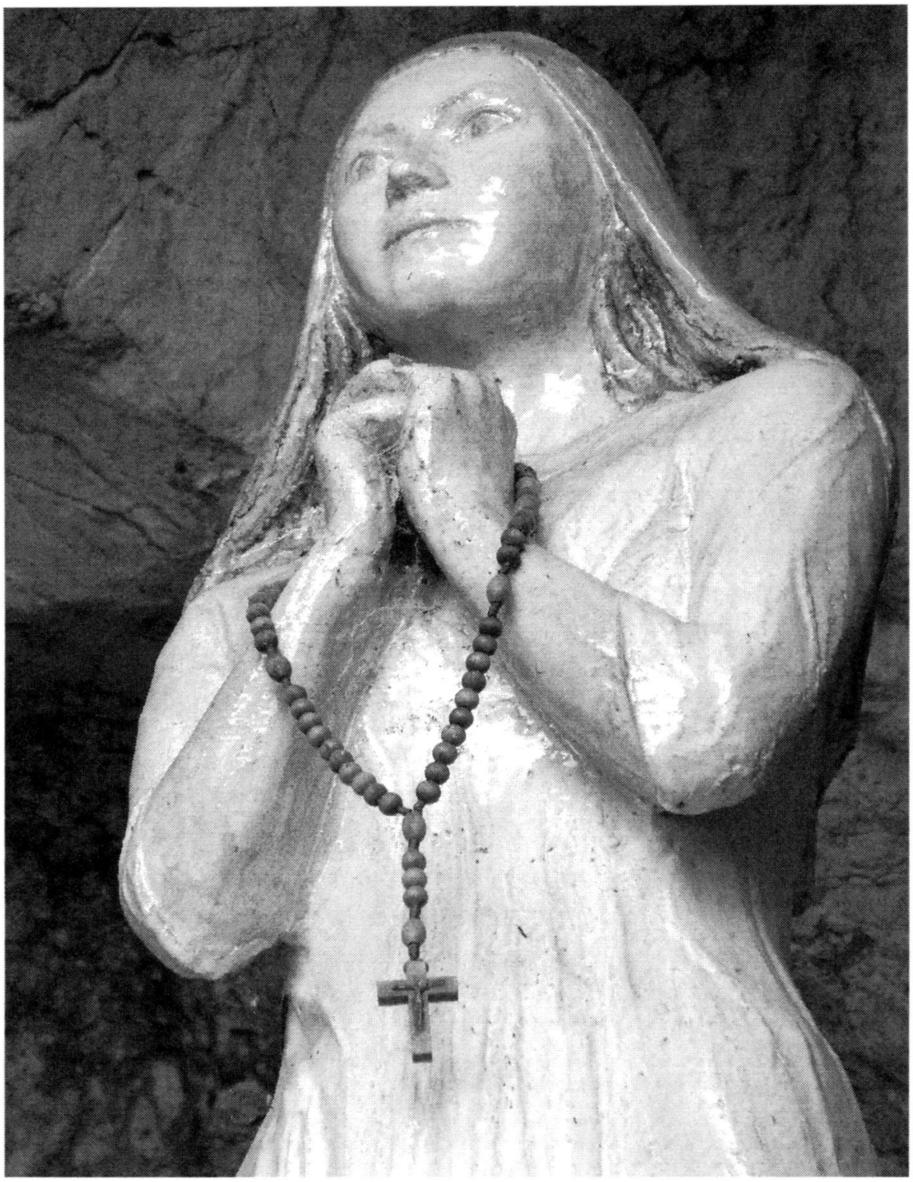

Arrivée en haut de l'escalier pour photographier Notre Dame du Lac, qui éveille toujours en moi une émotion ressemblant à du recueillement, je me retourne et contemple le paysage qui s'offre à mes yeux et prolonge cet instant...

puis je redescends le sentier et traverse le village jusqu'à la place au bord du lac, où j'observe deux canes qui se promènent ensemble et une autre qui trace son chemin en solitaire.

Mercredi 12 août, le matin.
J'approche du ponton, auquel sont amarrés quelques bateaux. J'irai admirer de près la bignone en fleurs, et peut-être m'asseoir quelques instants sur le banc.

Jeudi 20 août, le matin.
Arrivée au belvédère, j'ai gravi le sentier dans la forêt jusqu'au deuxième banc, sur lequel je reprends mon souffle...

tout en admirant le panorama.

*Samedi 12 septembre, fin de l'après-midi.
Éclairé par le soleil déclinant, l'archange terrasse le dragon.*

Plus haut, ce banc posé un peu à l'écart du sentier, le deuxième après le belvédère, m'offre toujours une halte bienvenue.

2021

Mercredi 6 janvier, l'après-midi.
Il a neigé sur la montagne. Elle semble illuminée par les rayons du soleil qui traversent les nuages. Au-dessus du ponton, plane une mouette.

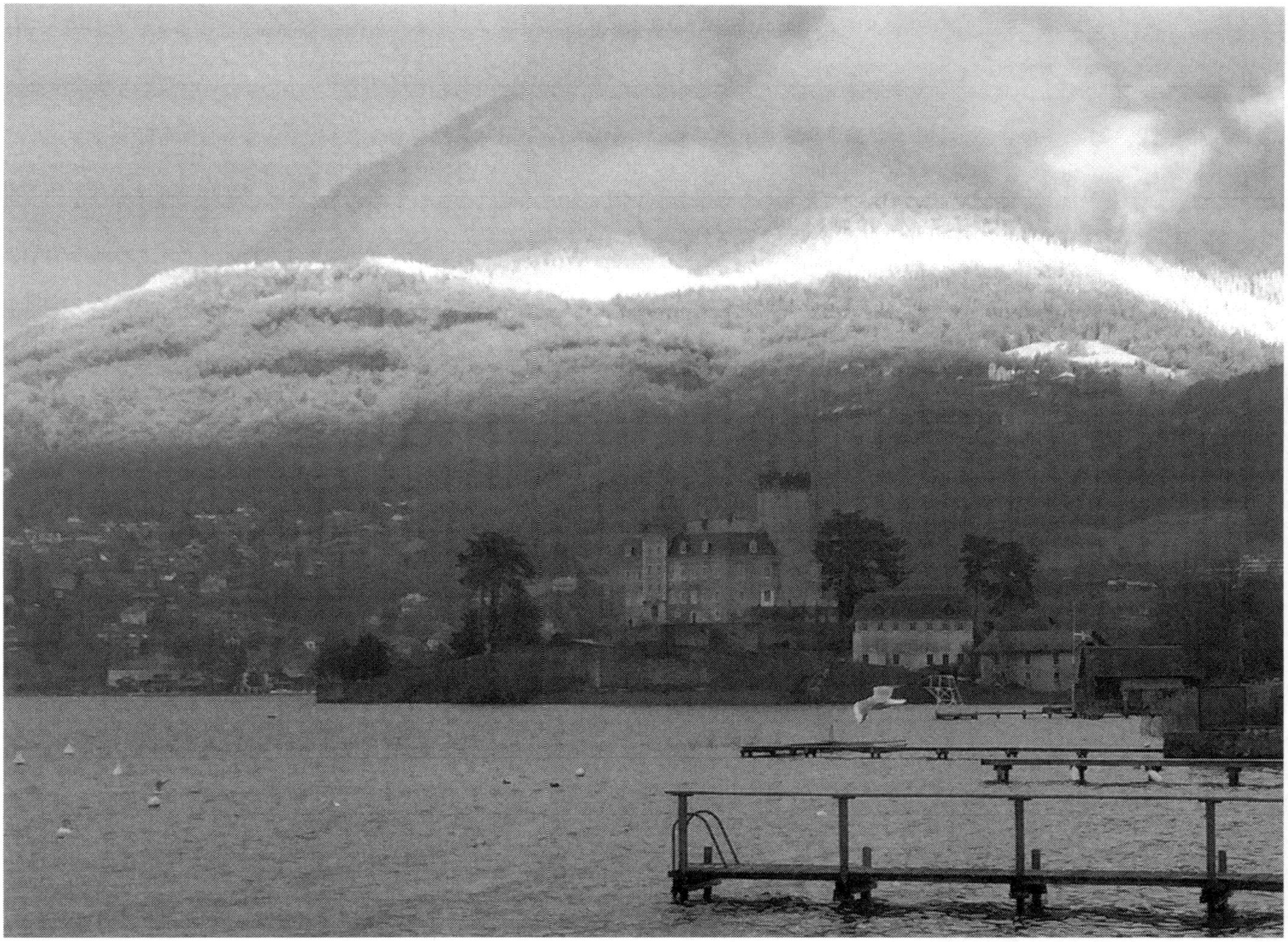

*Lundi 18 janvier, l'après-midi.
Aujourd'hui le lac est bleu marine.*

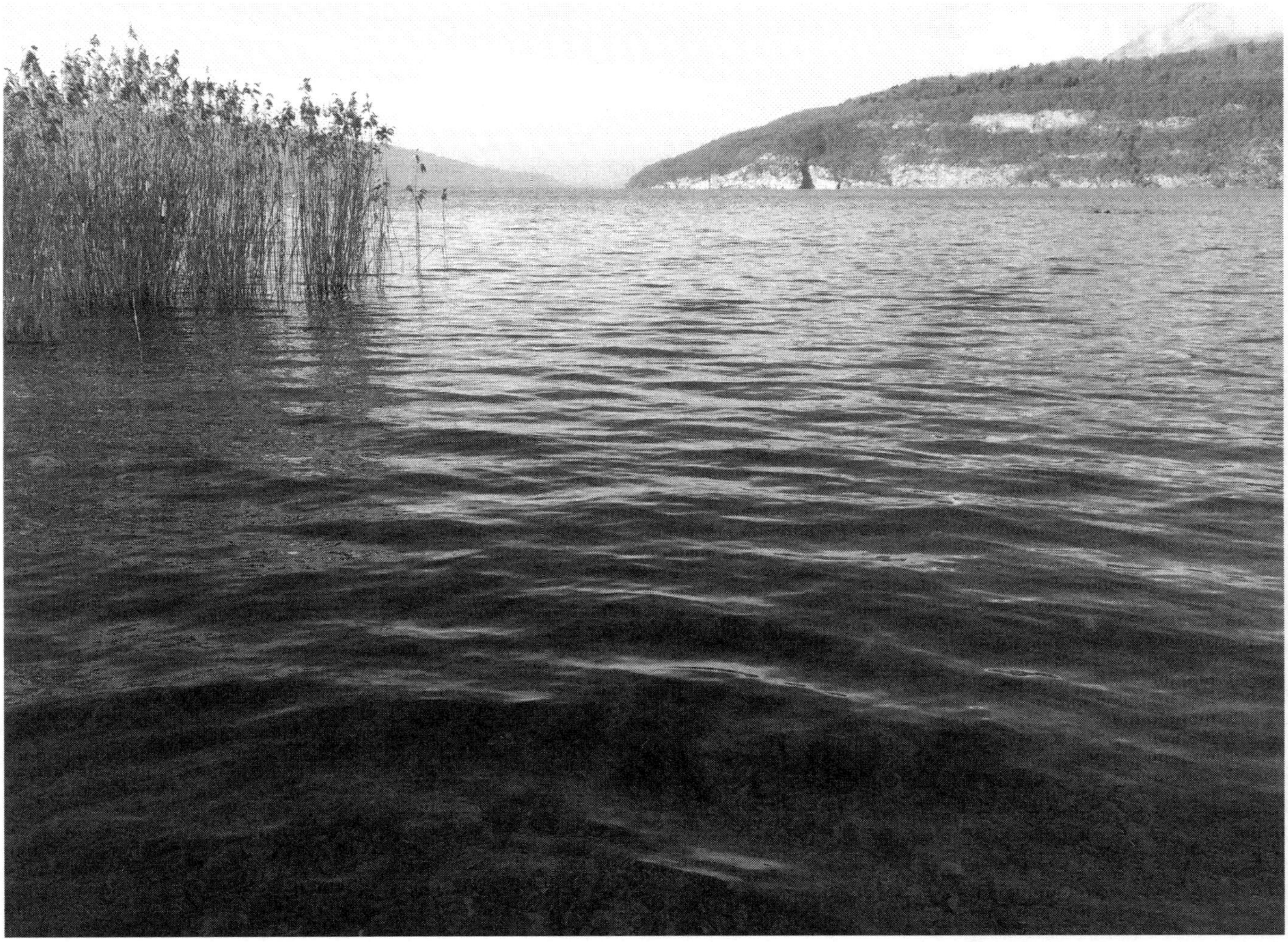

Mercredi 20 janvier, l'après-midi.
Sous le ciel immense, les montagnes semblent posées sur l'horizontale du lac.

Samedi 23 janvier, le matin.
La neige a blanchi les Dents de Lanfon, que ma petite-fille appelle «les dents de l'enfant».

Dimanche 14 février, le matin.
Sur les ondes, un couple de harles bièvres et nos ombres.

Jeudi 4 mars, l'après-midi.
Au-dessus du belvédère, dans la forêt communale, l'archange doré semble prêt à s'envoler, tandis que le sombre dragon reste plaqué au sol.

*Mardi 23 mars, l'après-midi.
Trois adolescentes ont posé leurs bicyclettes contre les losanges de pierre.
Le soleil étire les ombres.*

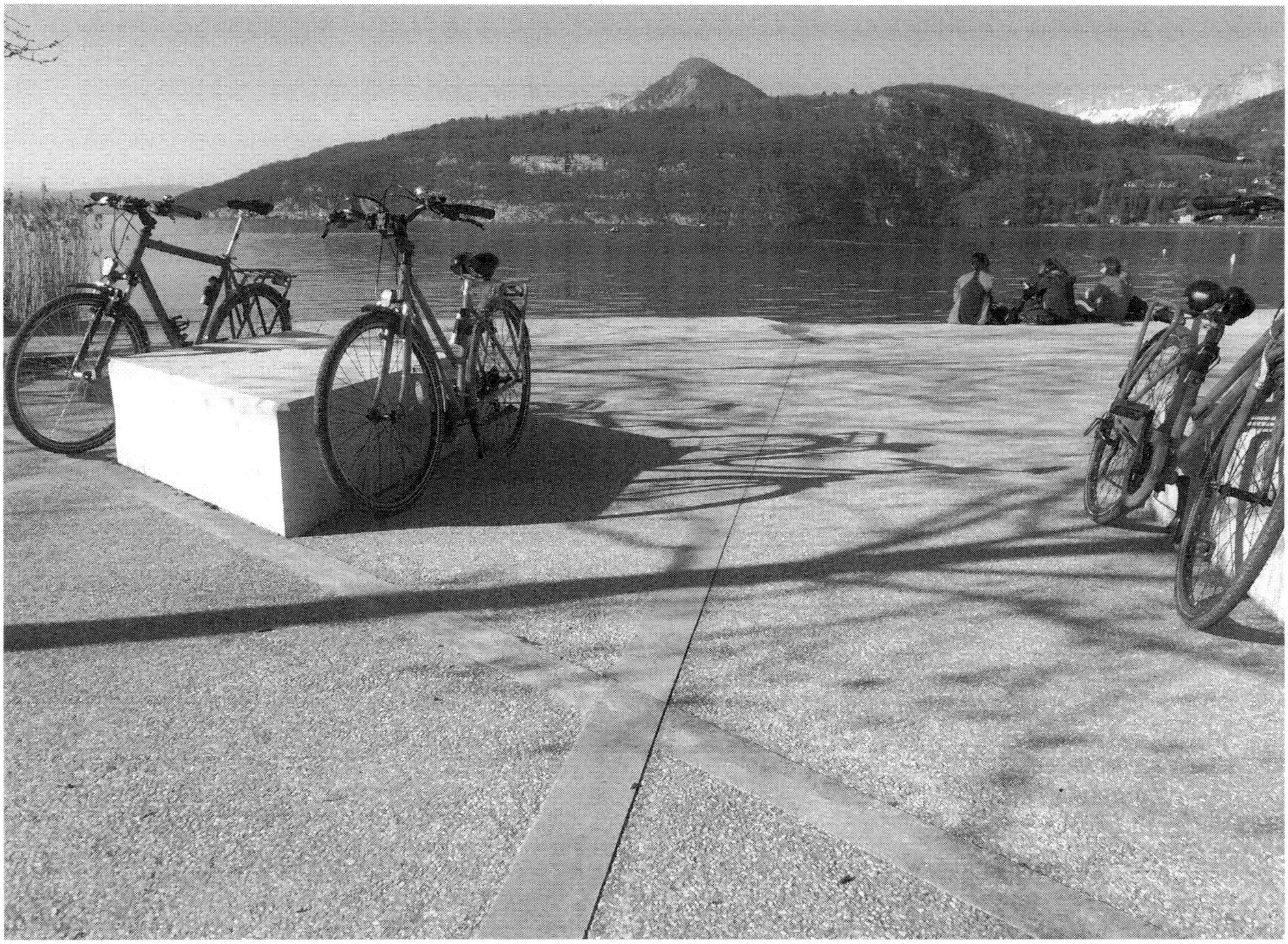

Mercredi 7 avril, l'après-midi.
Le vent souffle sur le lac, une ligne de partage des eaux se dessine entre le bleu et l'émeraude.

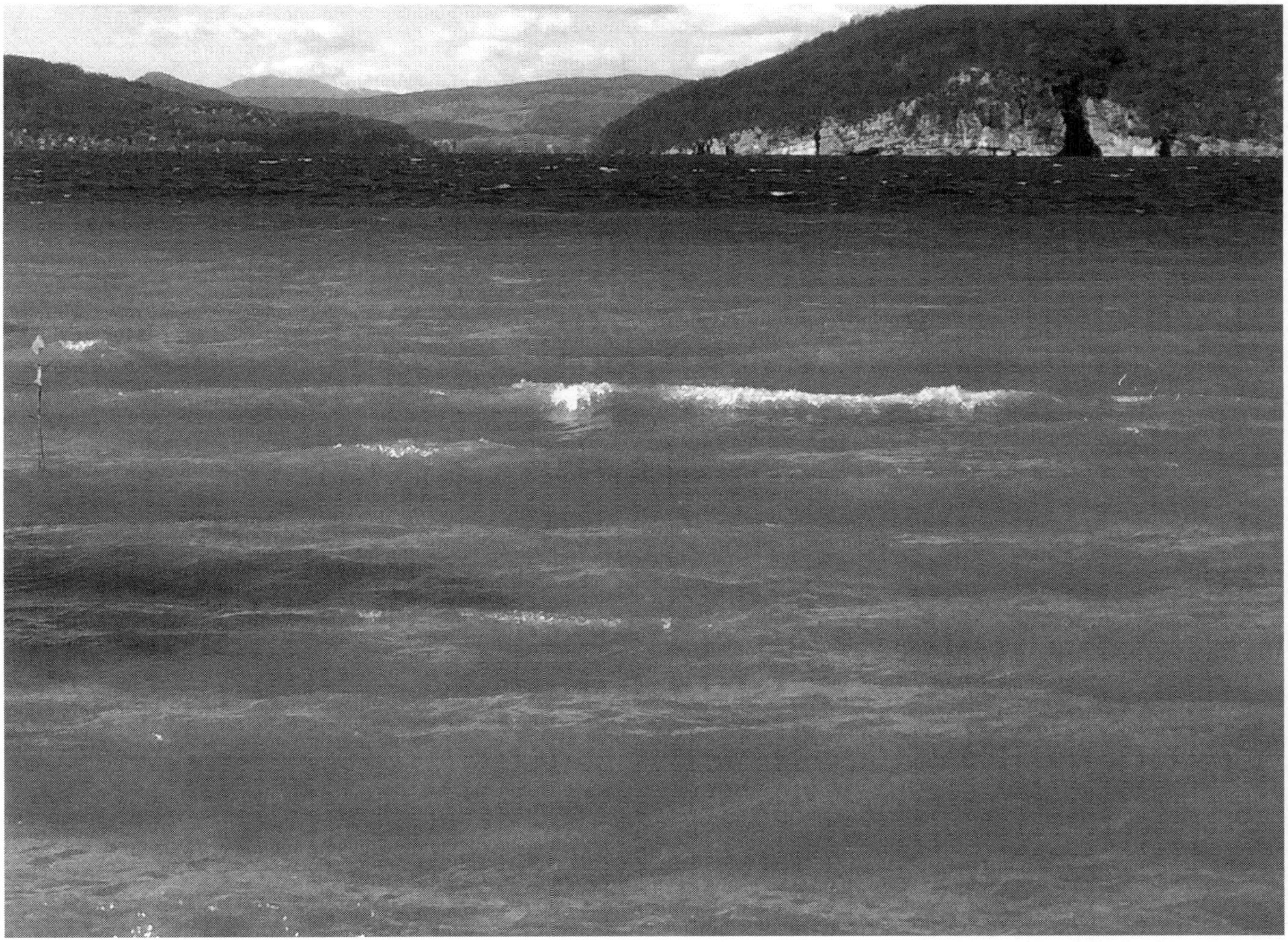

*Mercredi 19 mai, fin de l'après-midi.
La pluie naissante fait des ronds dans l'eau.*

Mercredi 9 juin, le matin.
Je suis toujours émerveillée par la symbiose entre le lac et ses oiseaux.

Jeudi 10 juin, l'après-midi.
Quand j'arrive au bord de l'eau, je n'en crois pas mes yeux :...

une multitude d'oiseaux se baladent en famille.

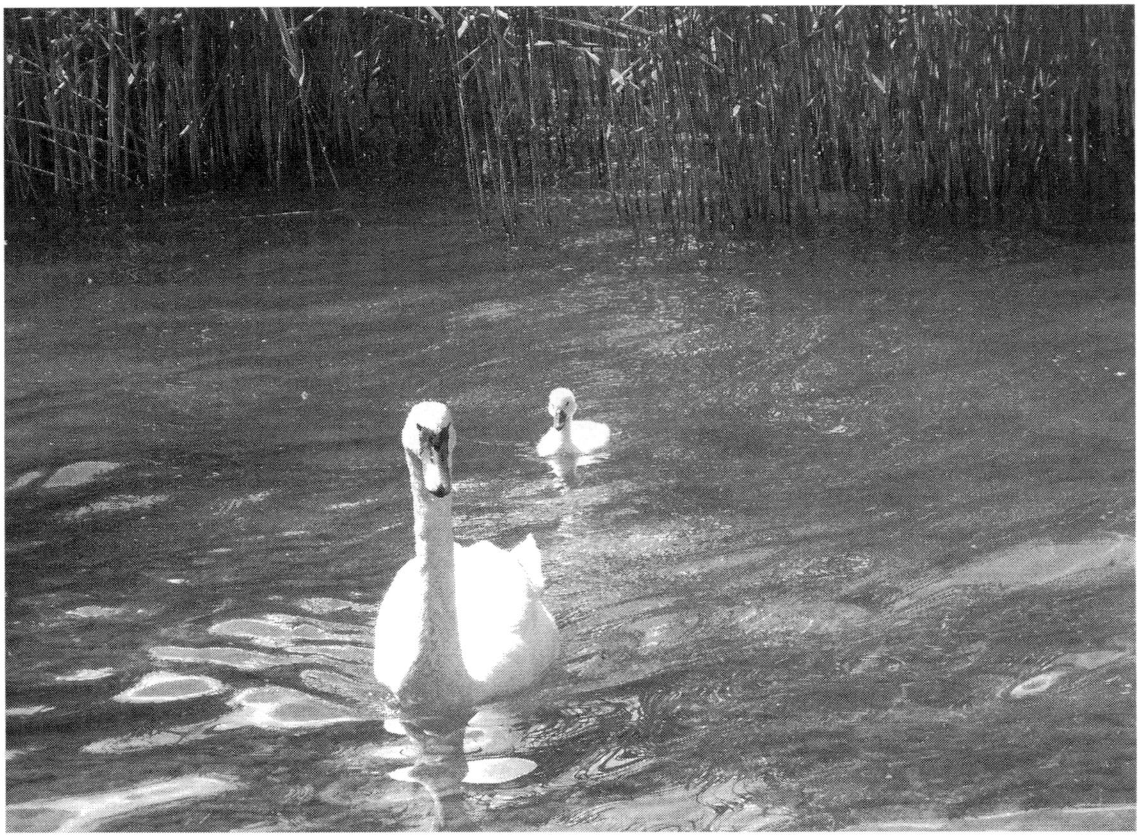

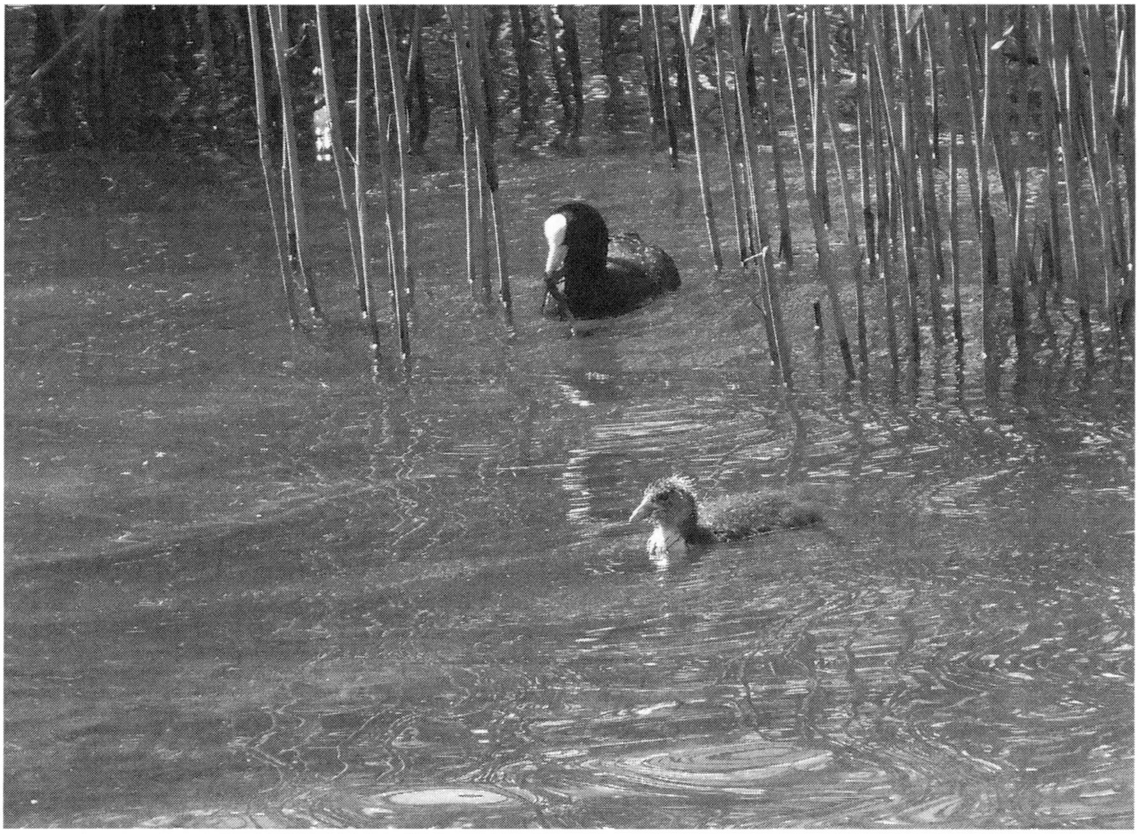

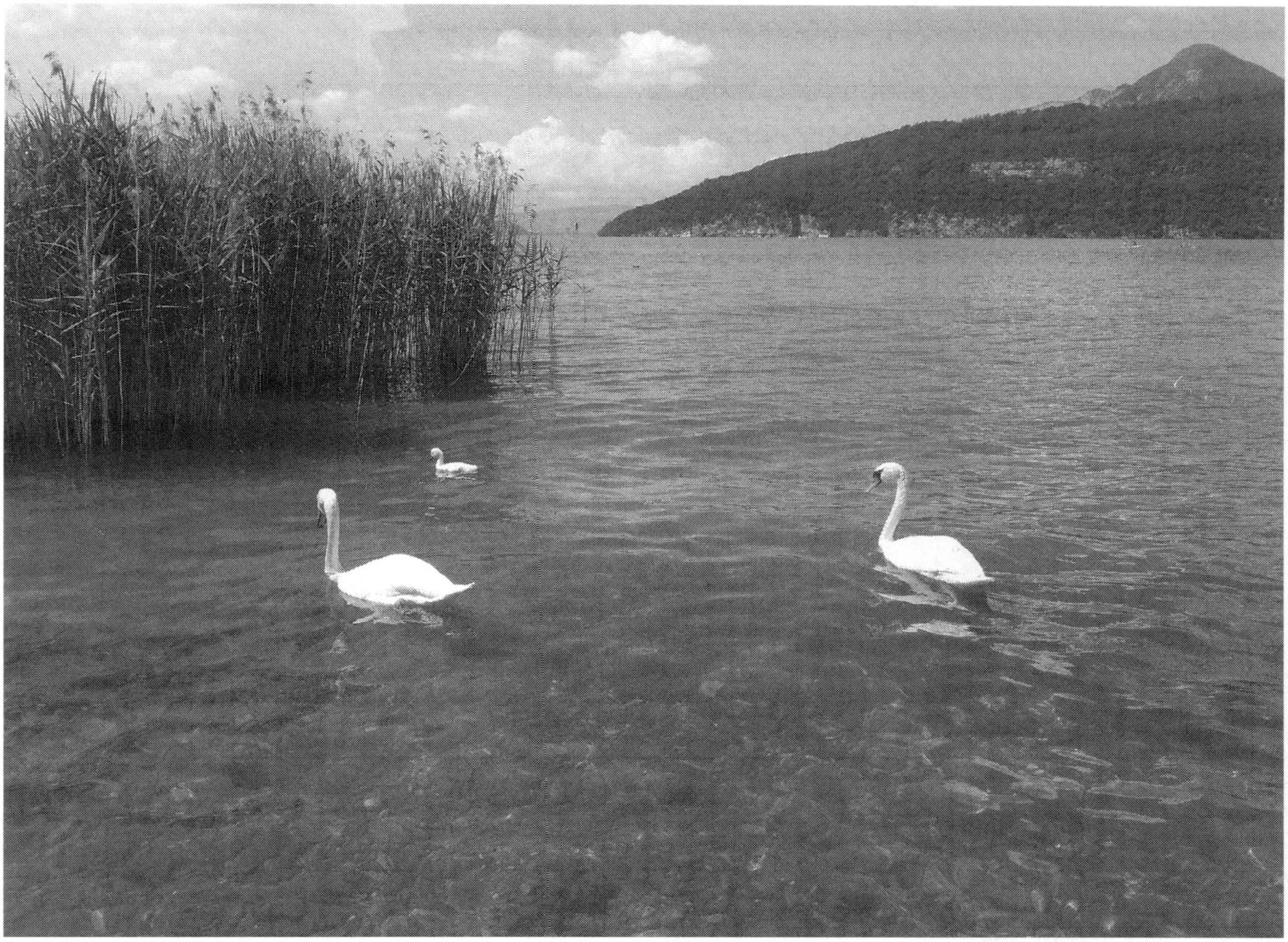

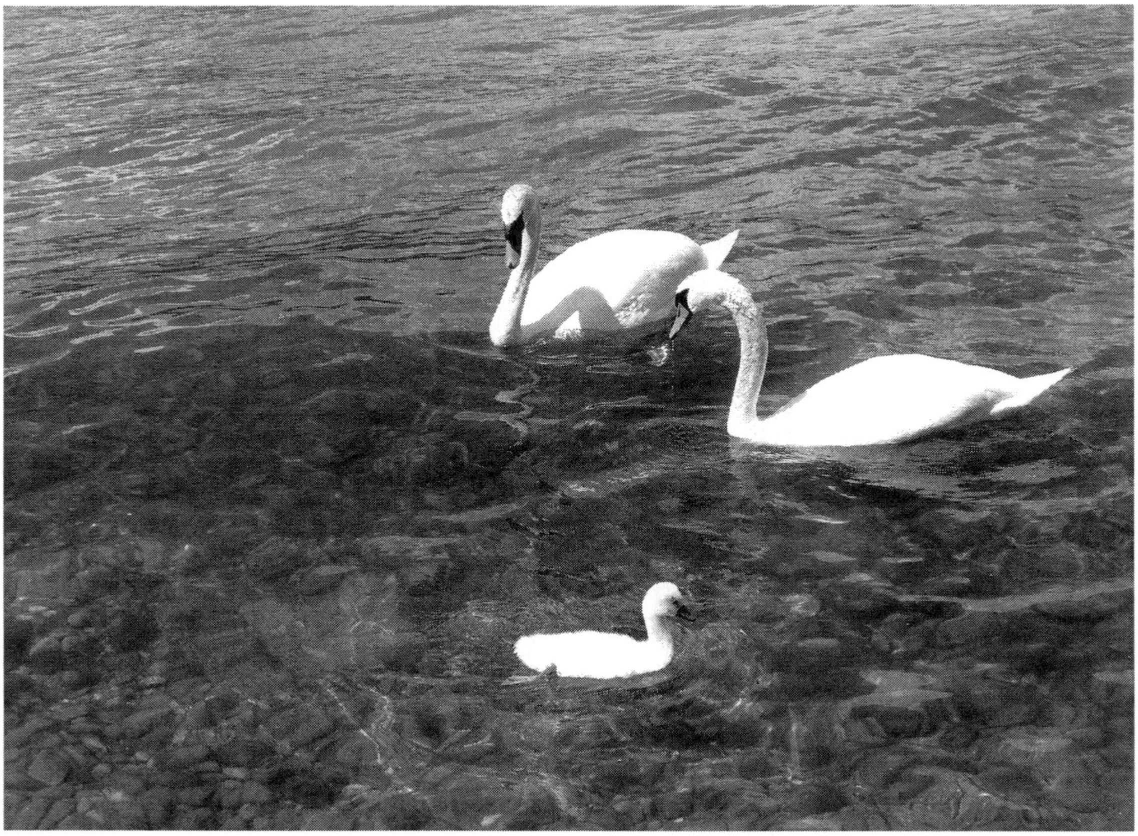

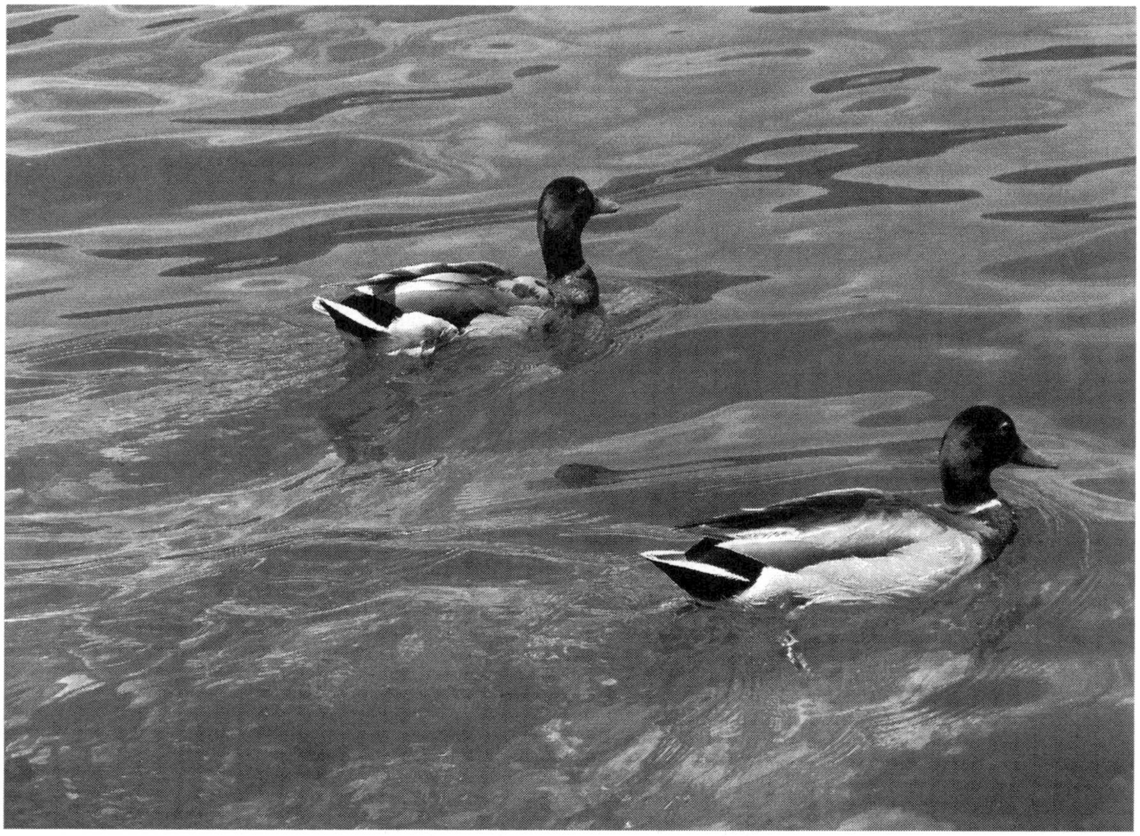

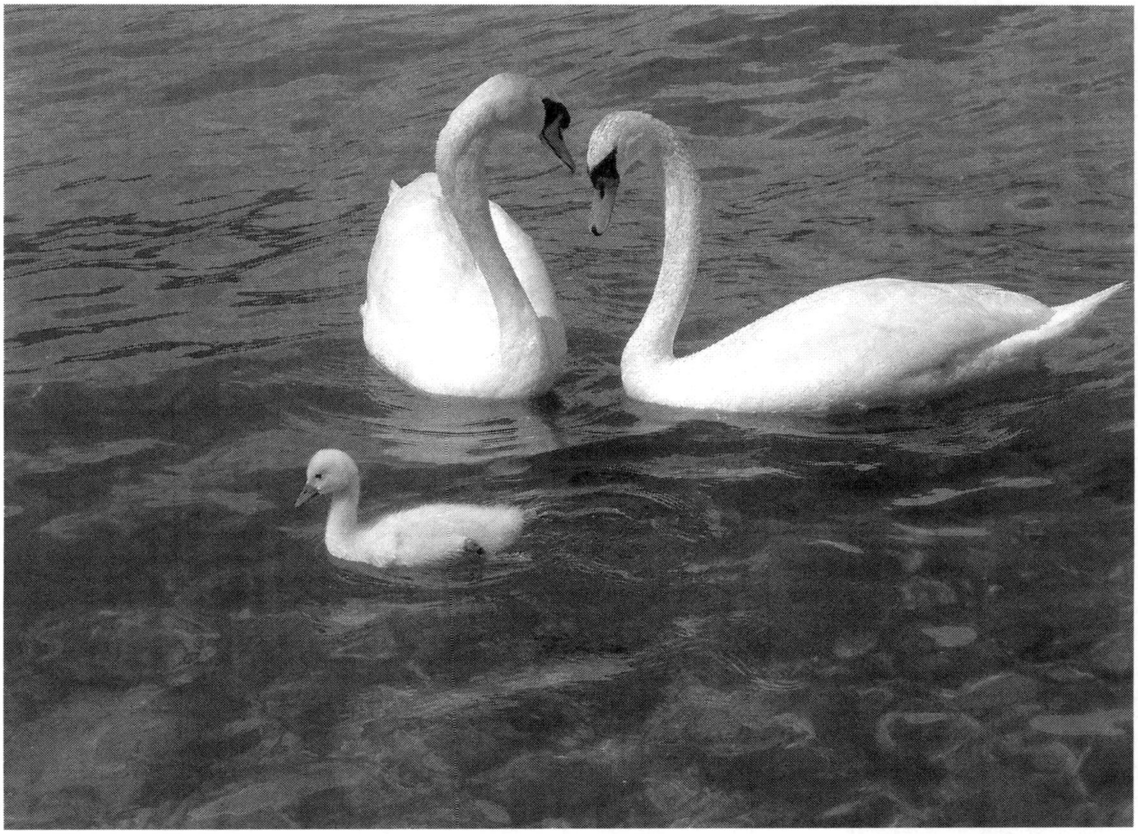

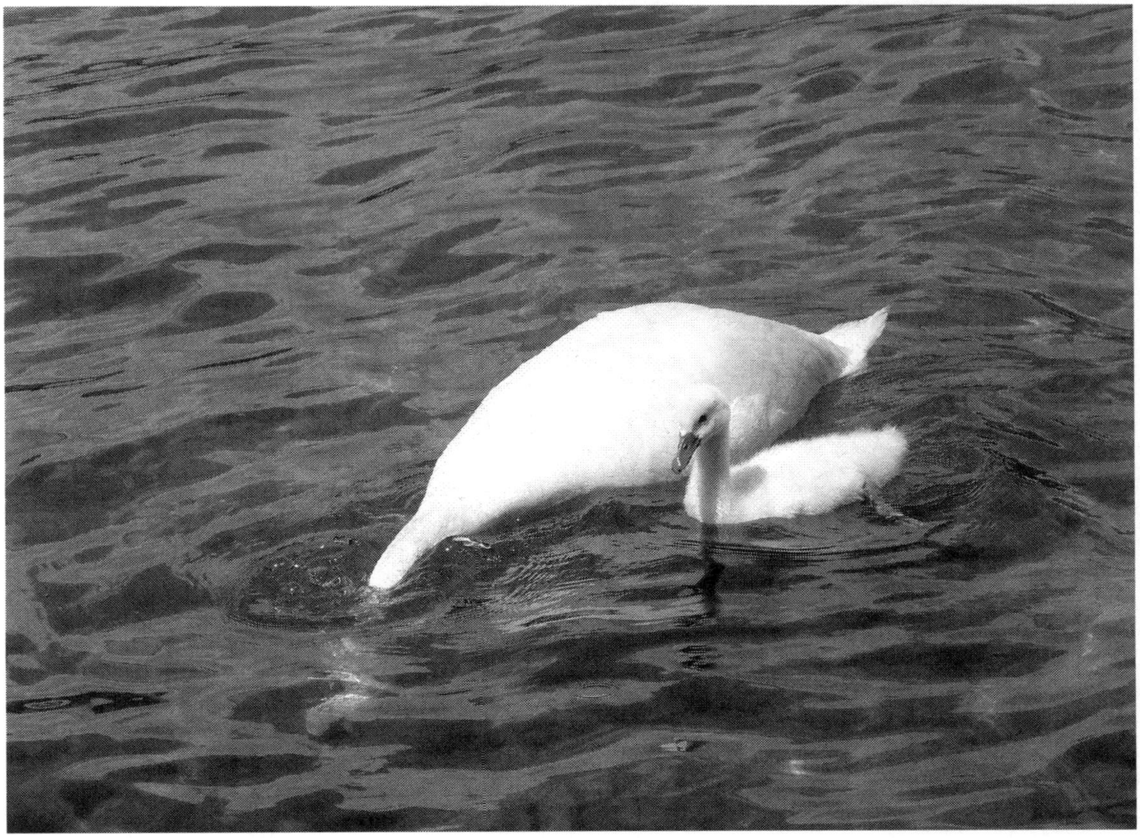

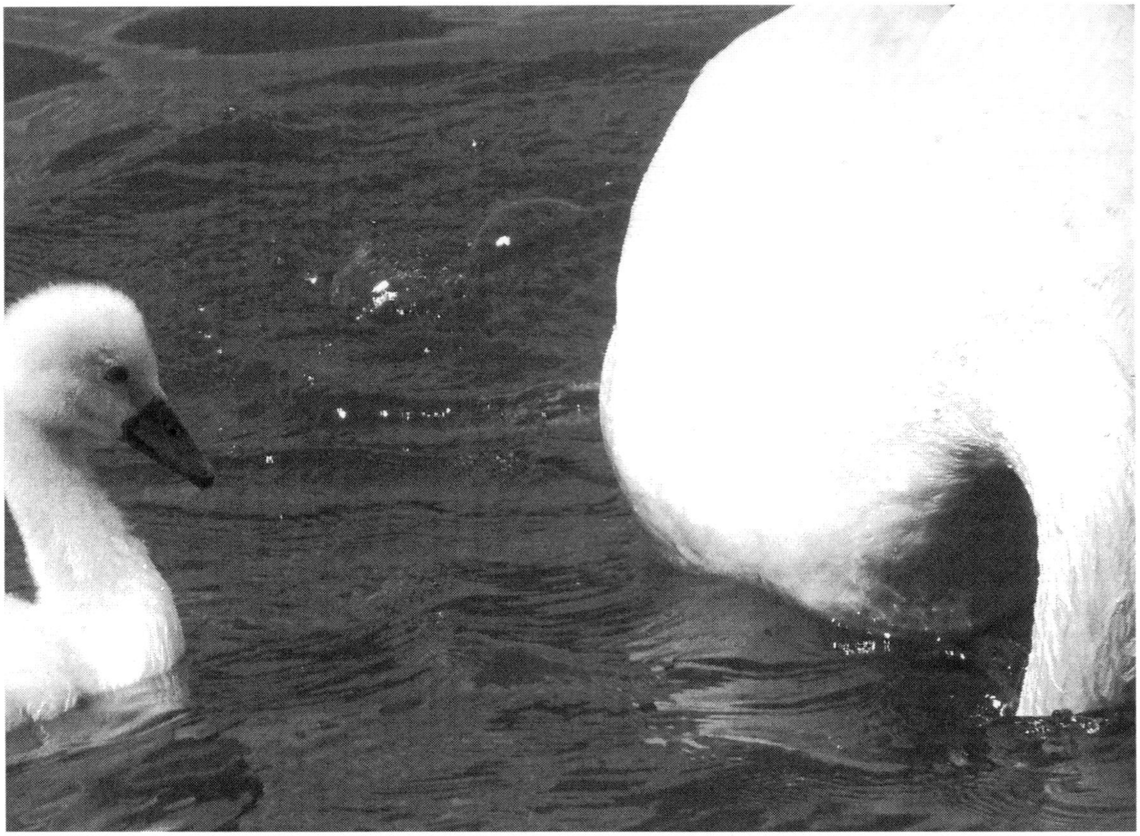

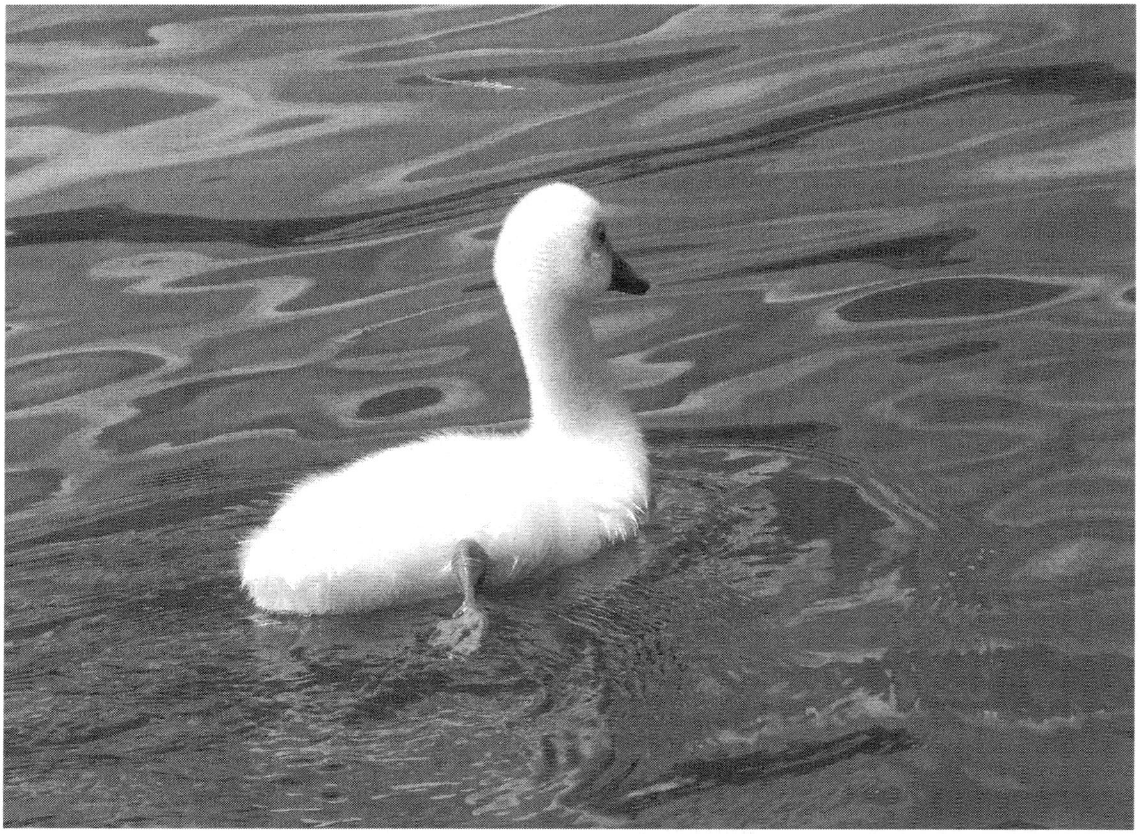

*Vendredi 18 juin, fin de l'après-midi.
C'est l'heure du goûter pour les moineaux gourmands.*

Mercredi 30 juin, le matin.
Aujourd'hui je vais à Duingt en kayak.

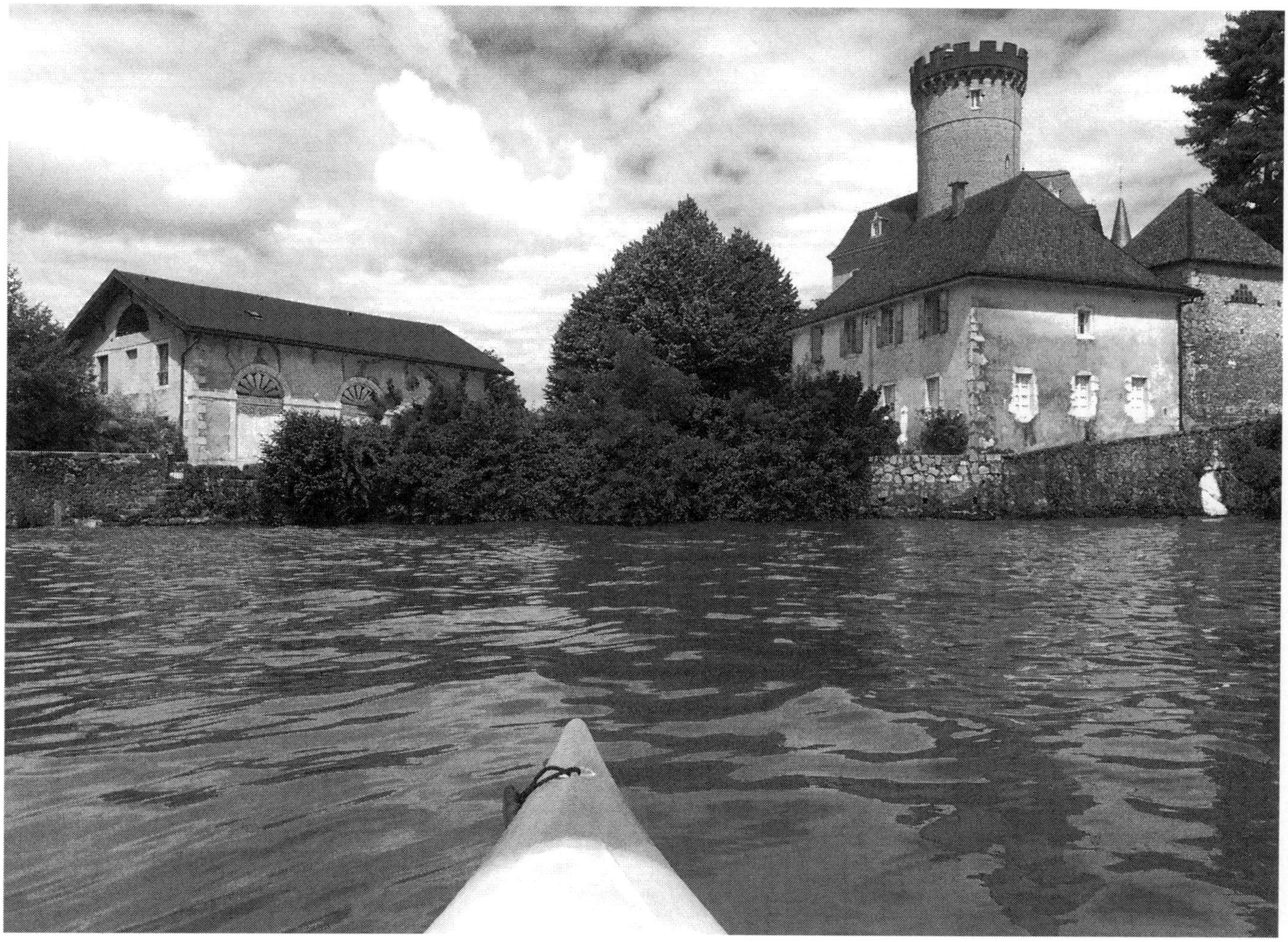

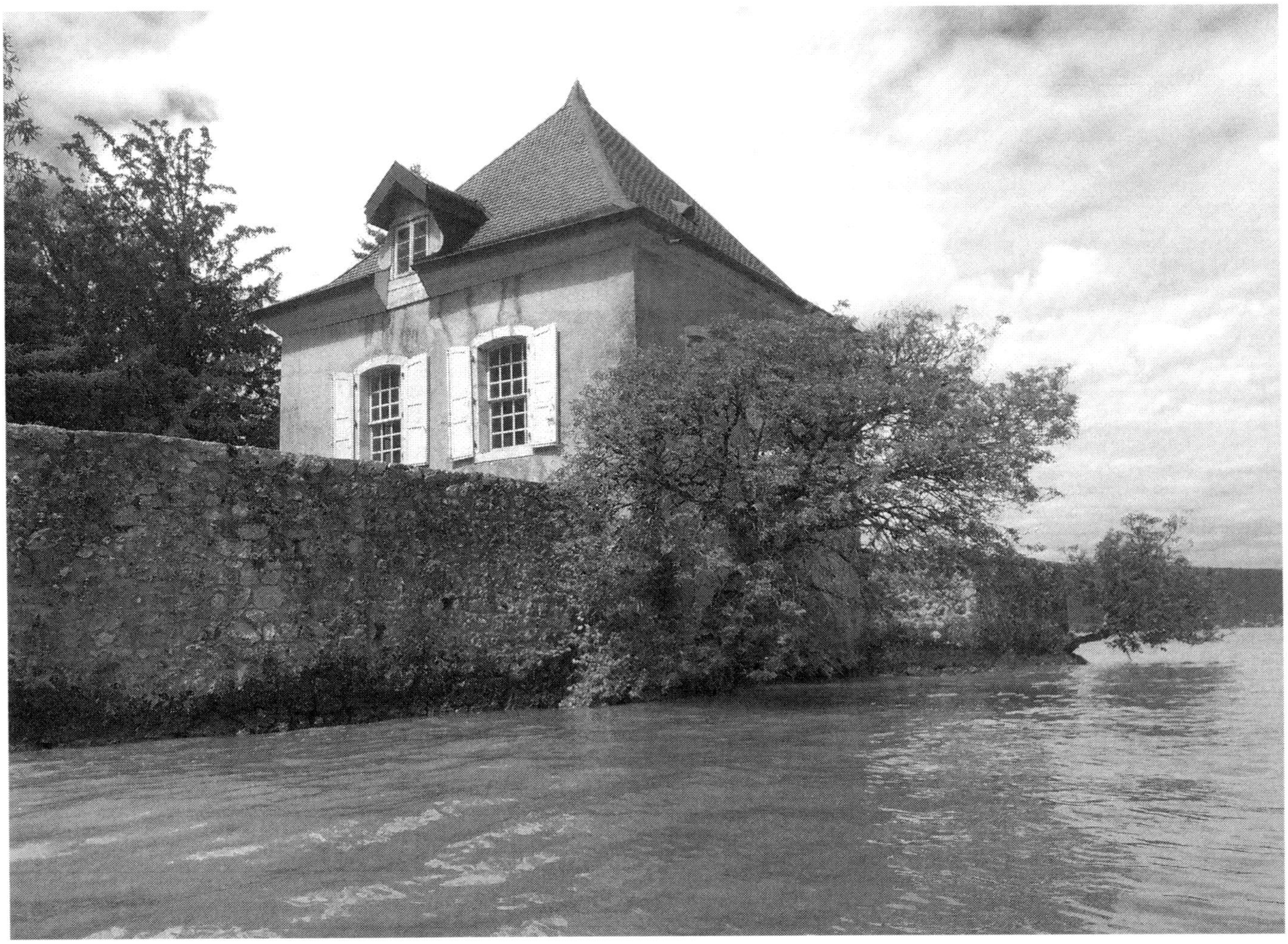

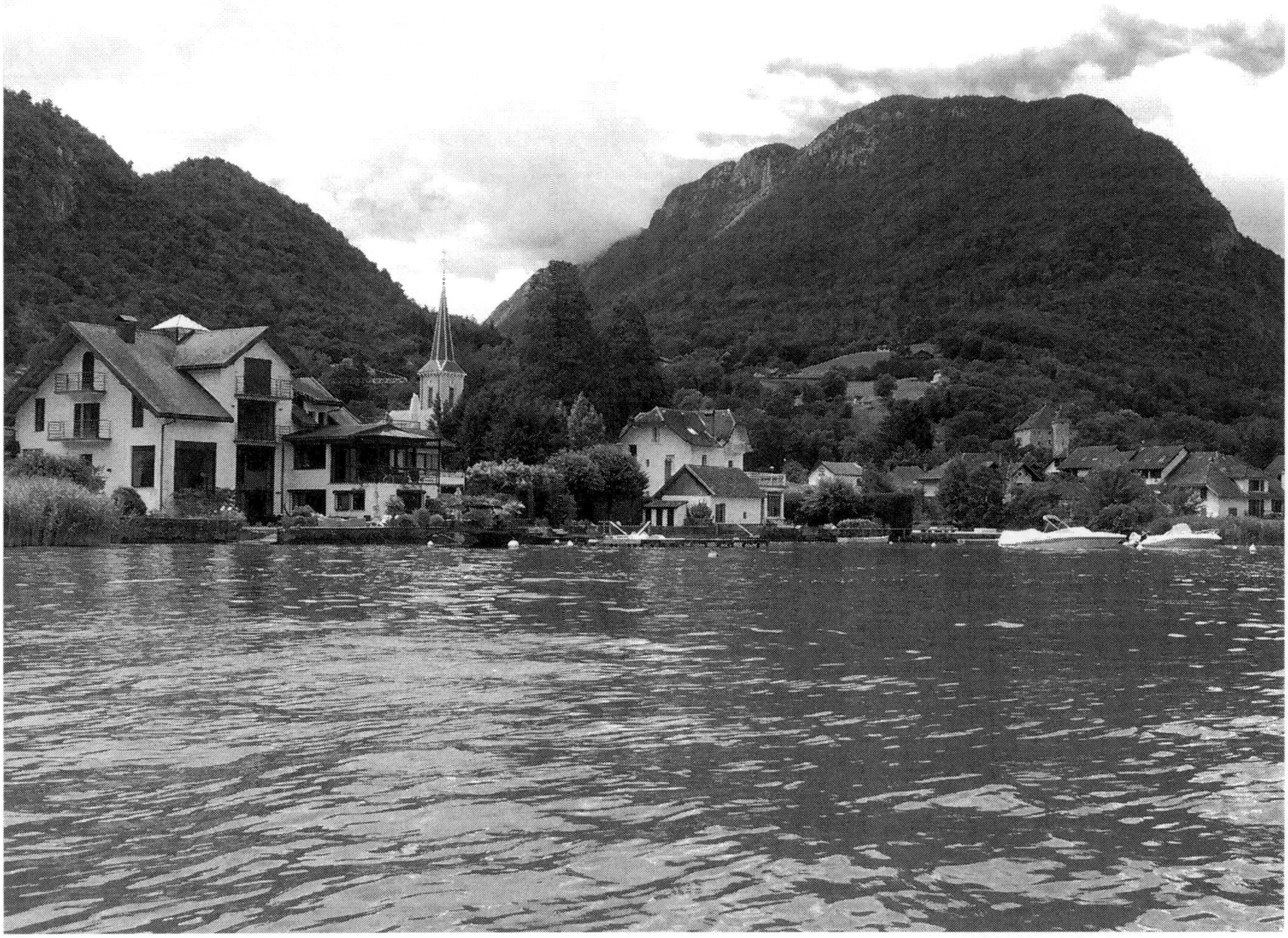

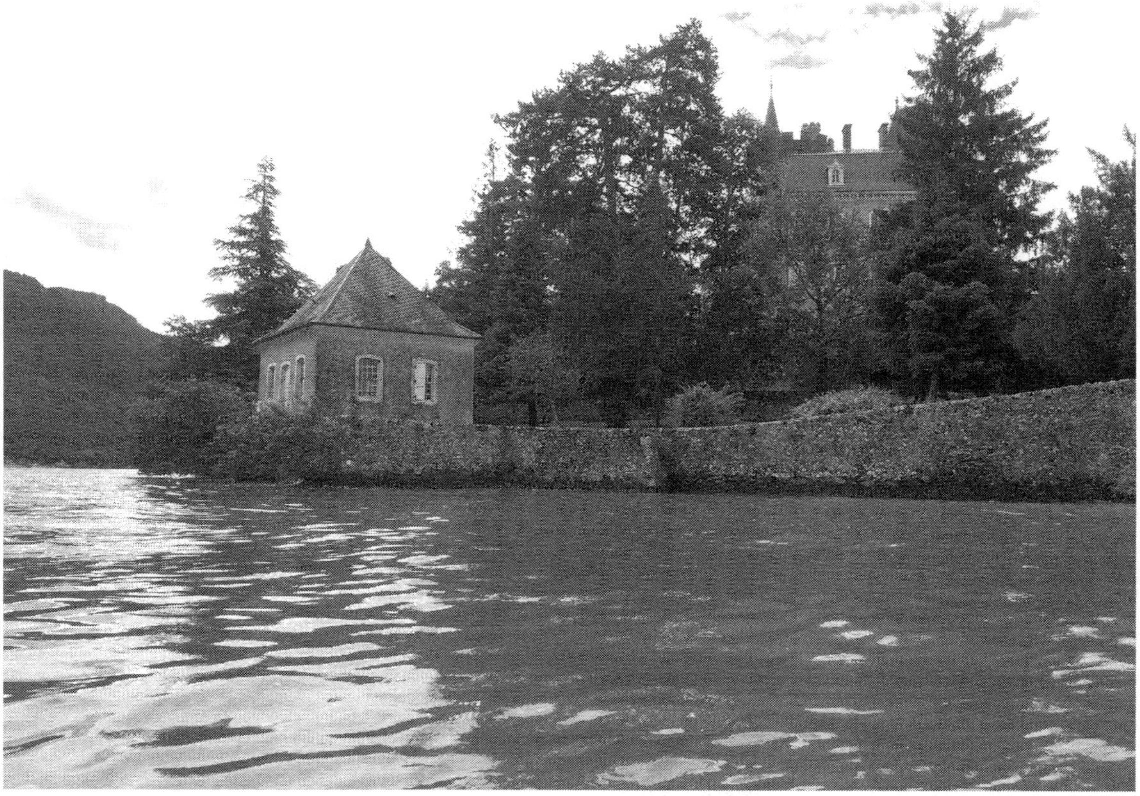

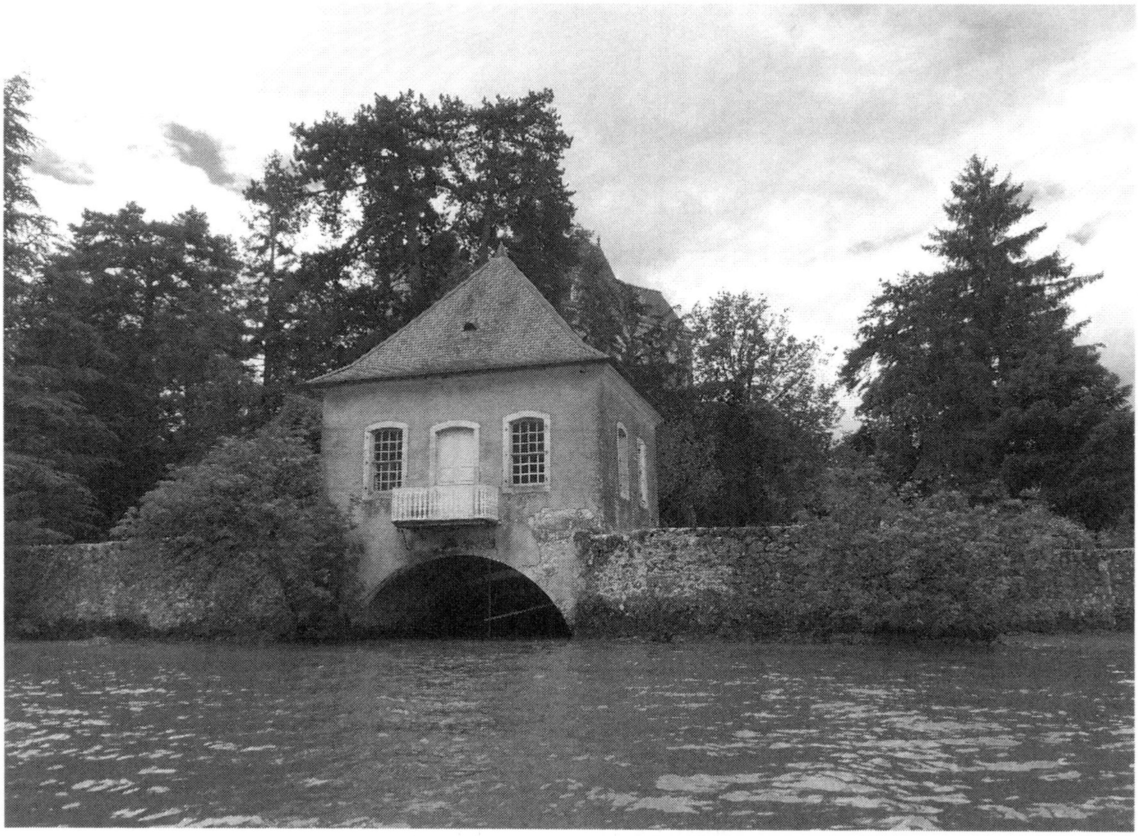

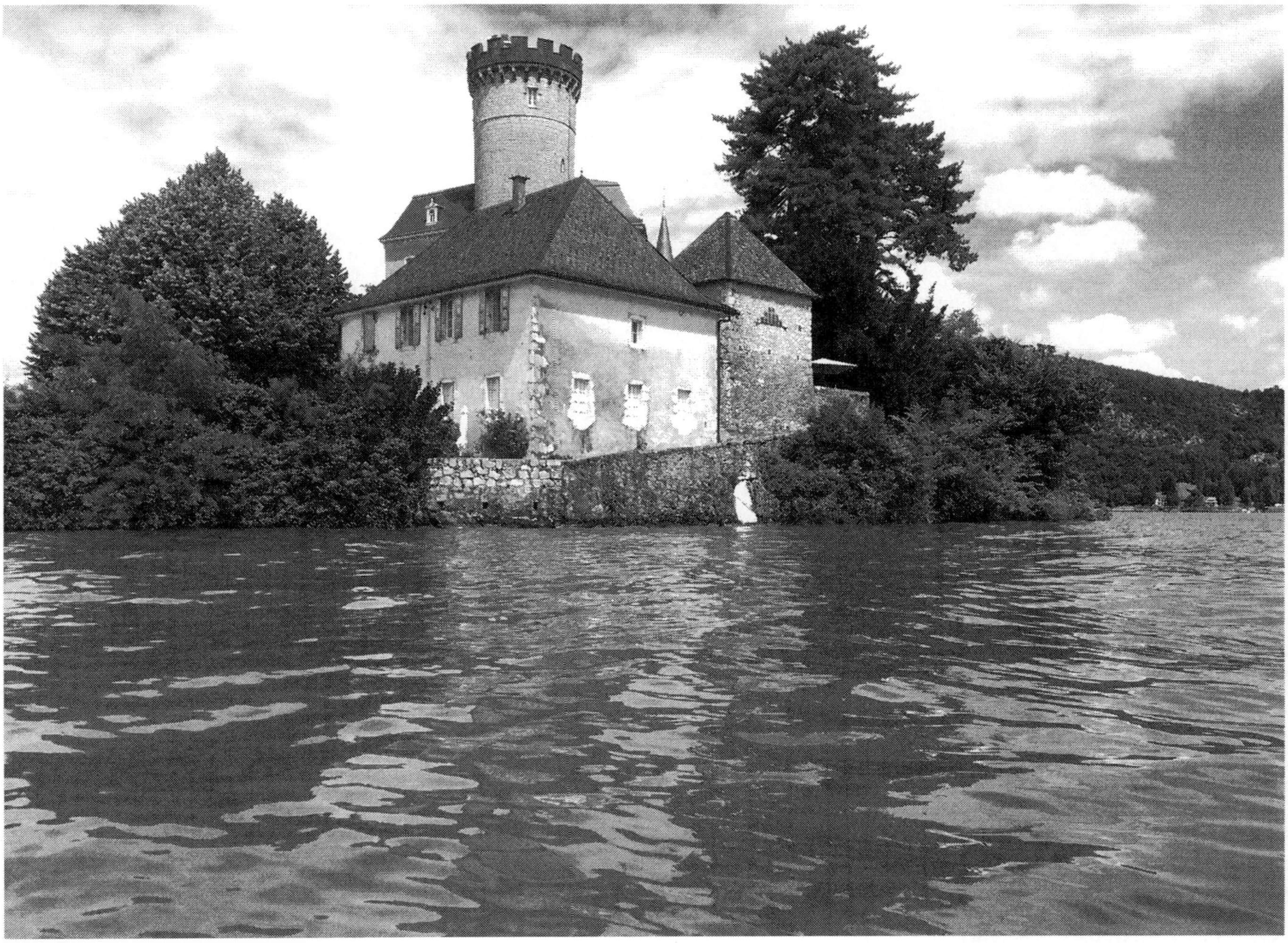

Jeudi 1er juillet, le matin.
Le pignon de ce café cycliste témoigne d'une autre époque.

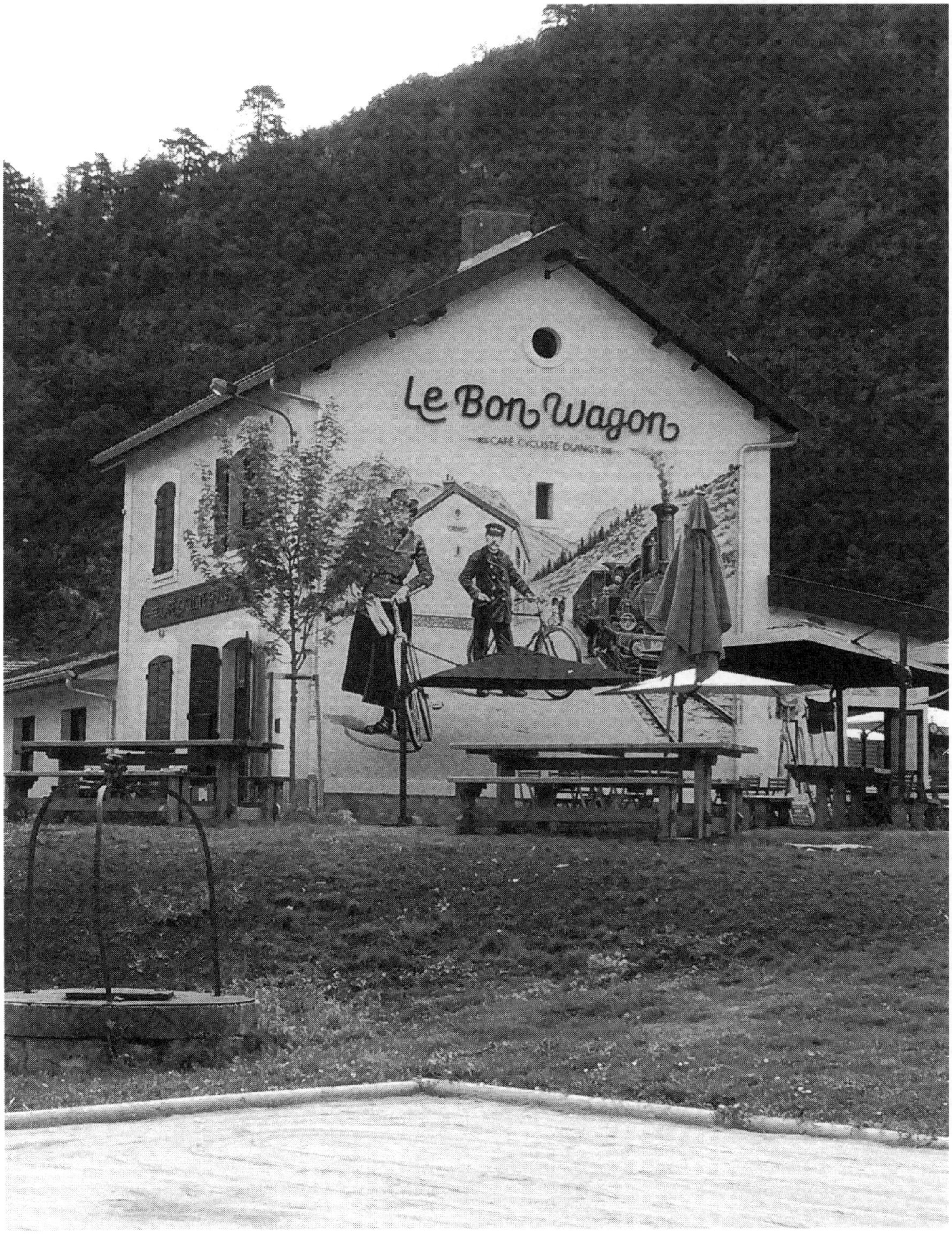
Le Bon Wagon
CAFÉ CYCLISTE DUINGT

*Vendredi 16 juillet, fin de l'après-midi.
Les stands du marché nocturne sont prêts,...*

et le chat à sa fenêtre fait aussi partie du spectacle.

Jeudi 22 juillet, le soir.
Les massifs de fleurs sur la place de la mairie sont si beaux...

que j'en fais toutes sortes de portraits.

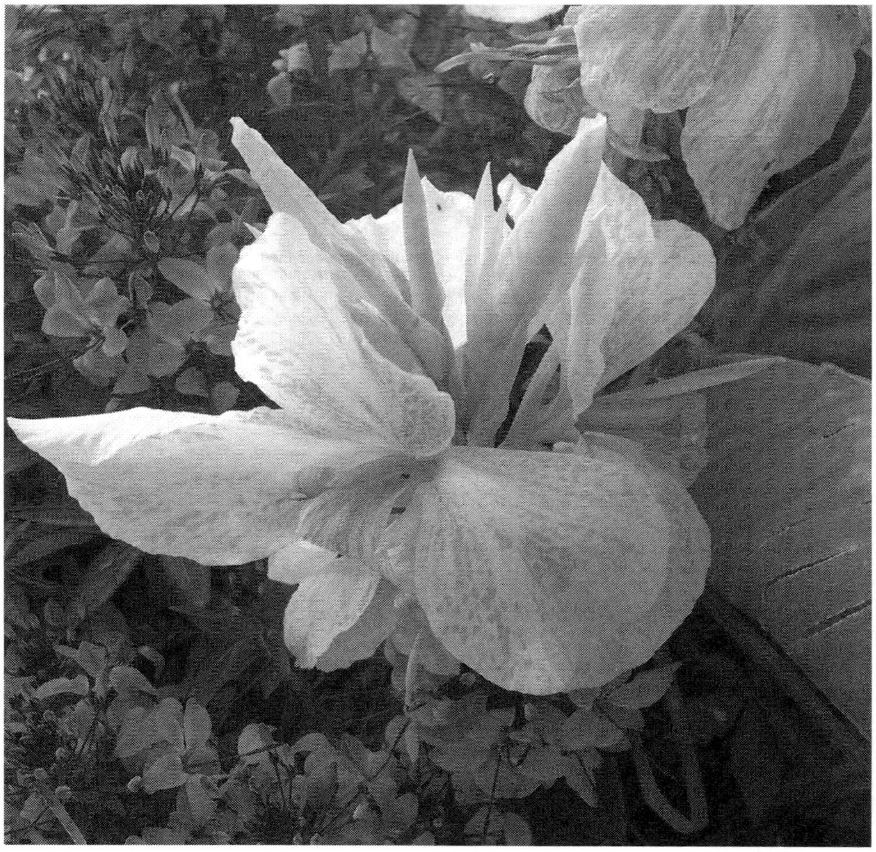

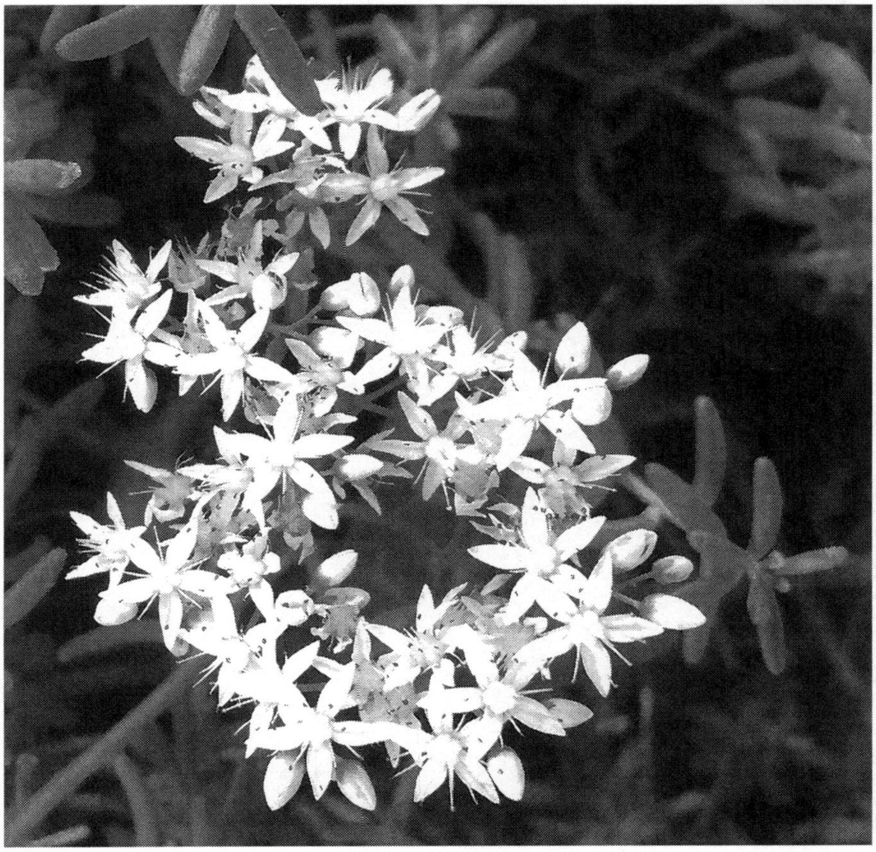

*Vendredi 23 juillet, le soir.
Une bignone en fleurs...*

et un petit toit entre deux grands arbres.

Dimanche 25 juillet, le soir.
Dans la forêt communale se devinent au loin la grotte de Notre Dame du Lac et au-dessus l'archange Saint Michel terrassant le dragon.

Travaux de construction derrière l'église.

*Vendredi 6 août, le soir.
La course des nuages.*

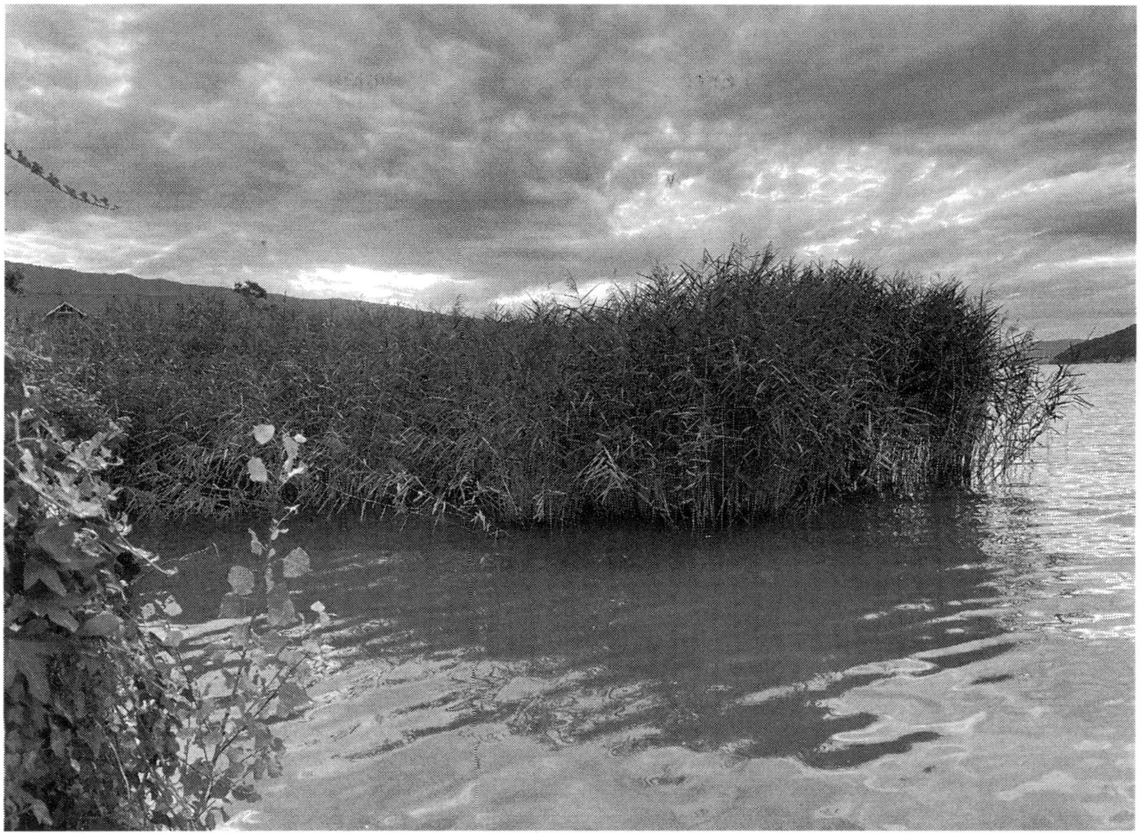

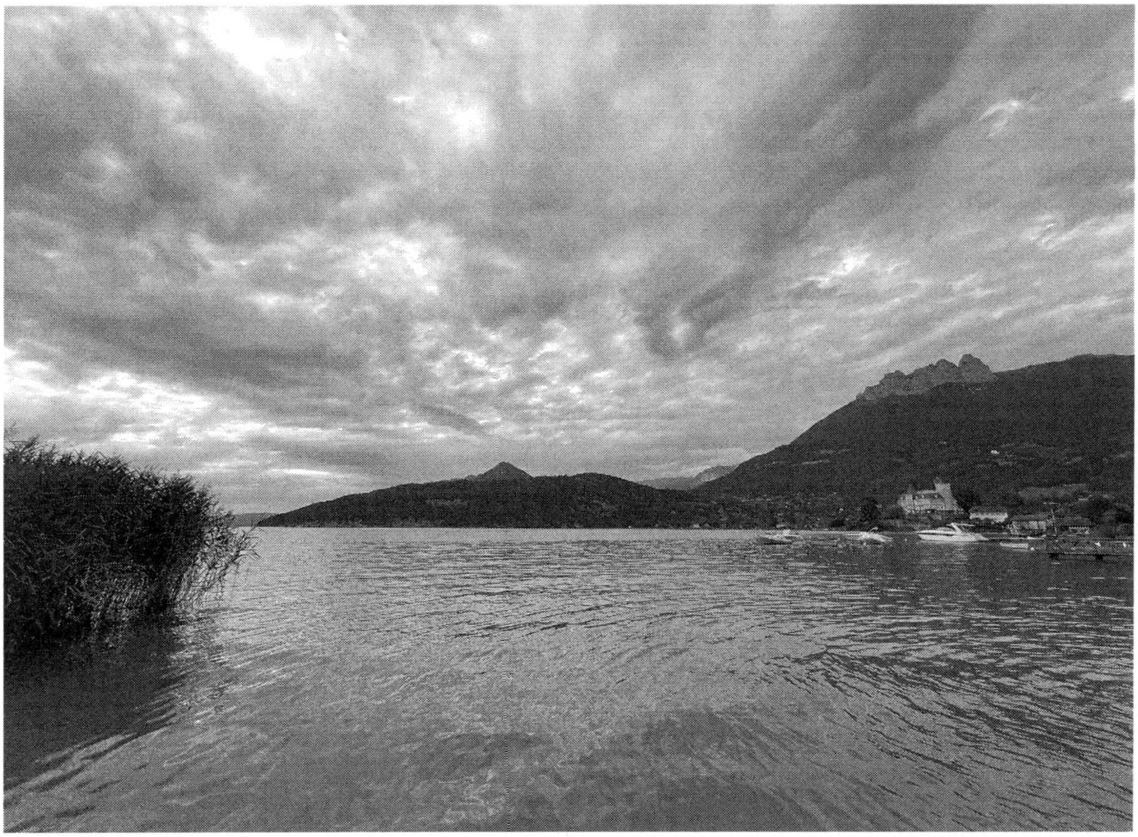

Jeudi 7 octobre, fin de l'après-midi.
Les vagues de l'eau et celles des plantes.

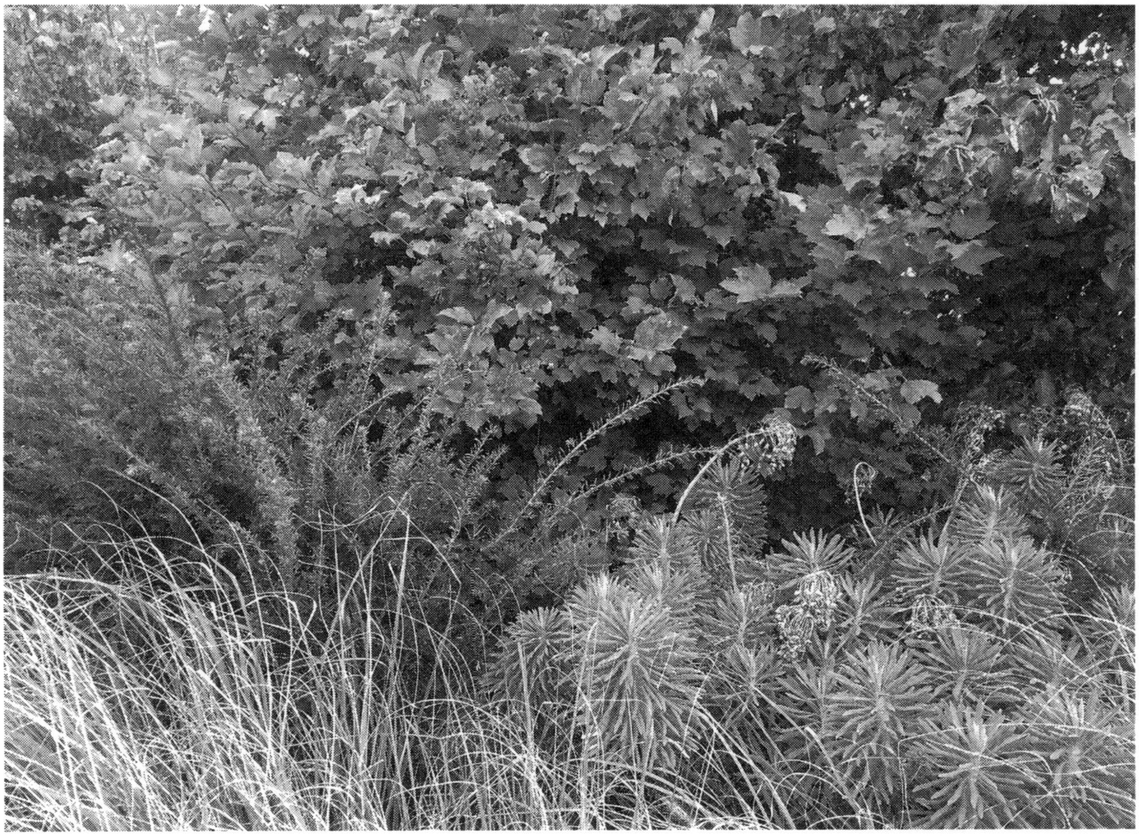

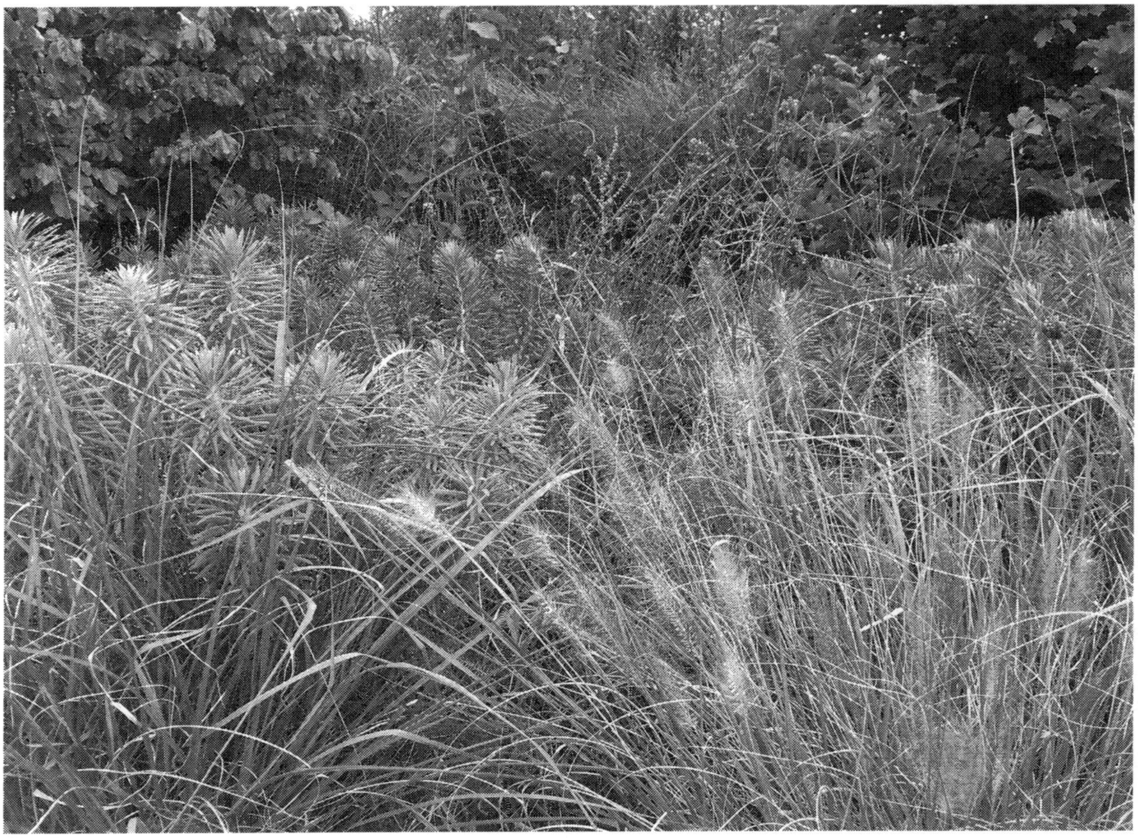

*Jeudi 21 octobre, l'après-midi.
L'aile déployée de cette cane ressemble à un éventail...*

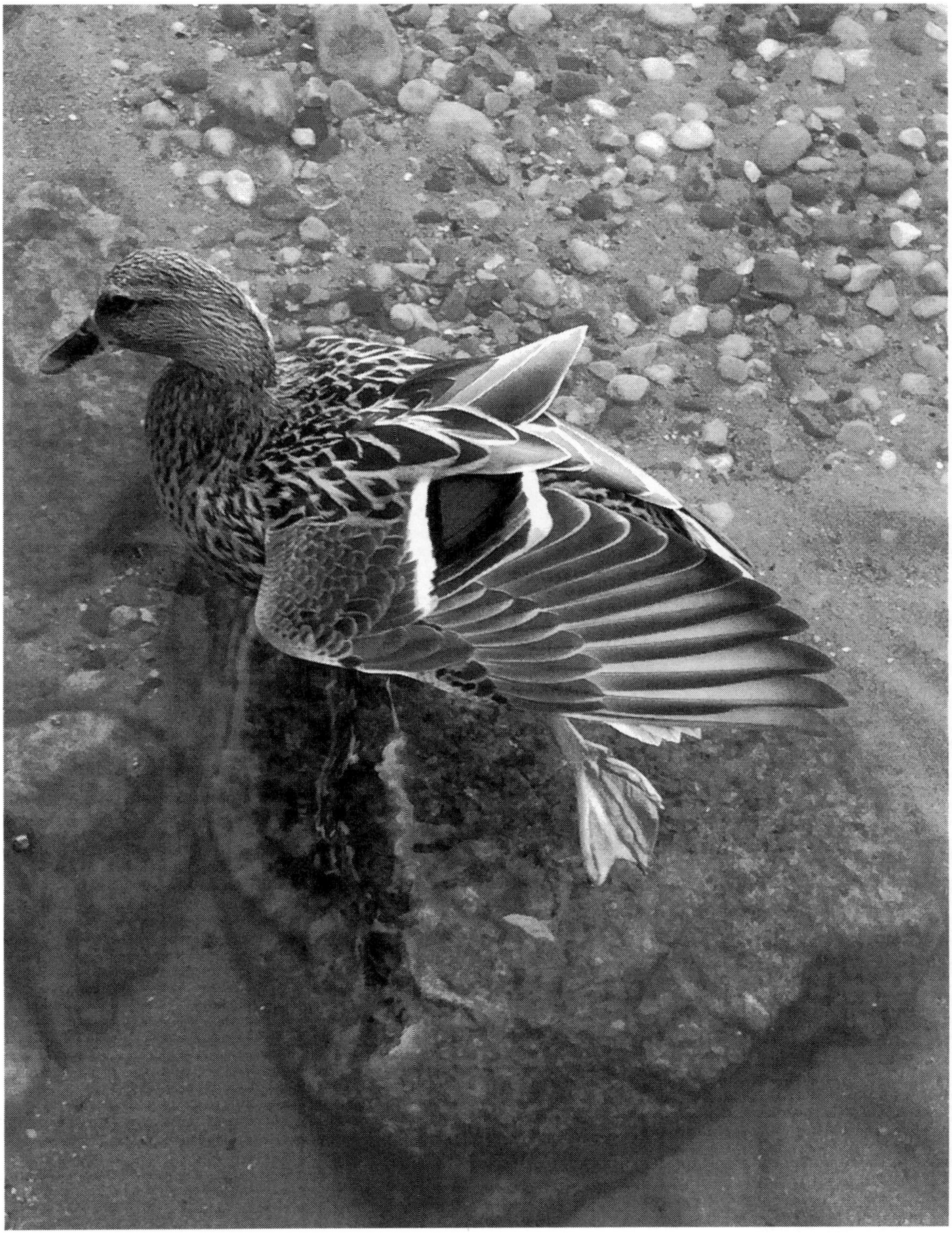

et la surface du lac évoque une dentelle.

Mercredi 27 octobre, l'après-midi.
Portrait d'une porte originale.

Quand j'arrive sur la place au bord du lac, la seule autre présence est celle de ce couple tranquille.

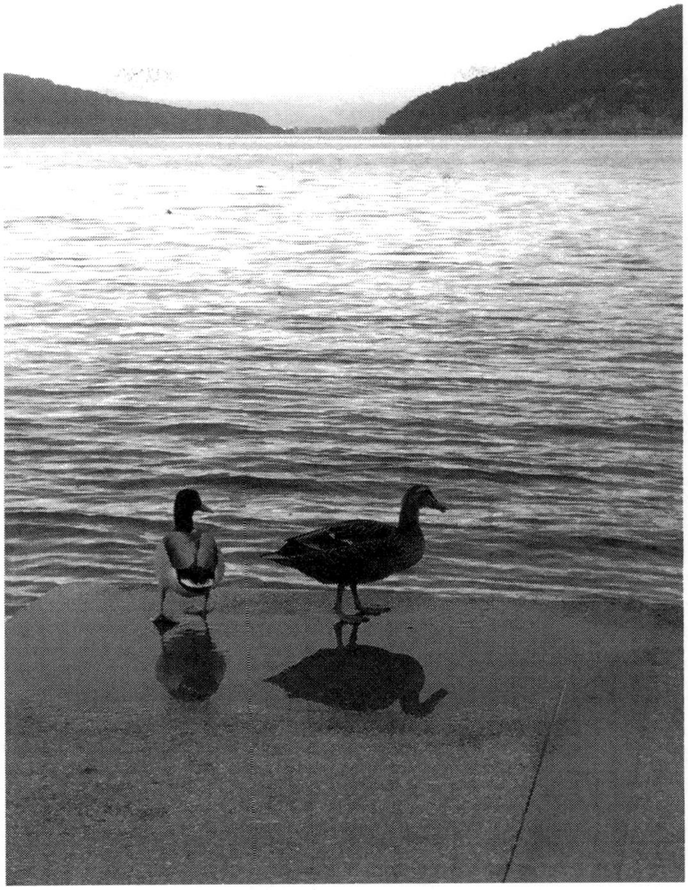

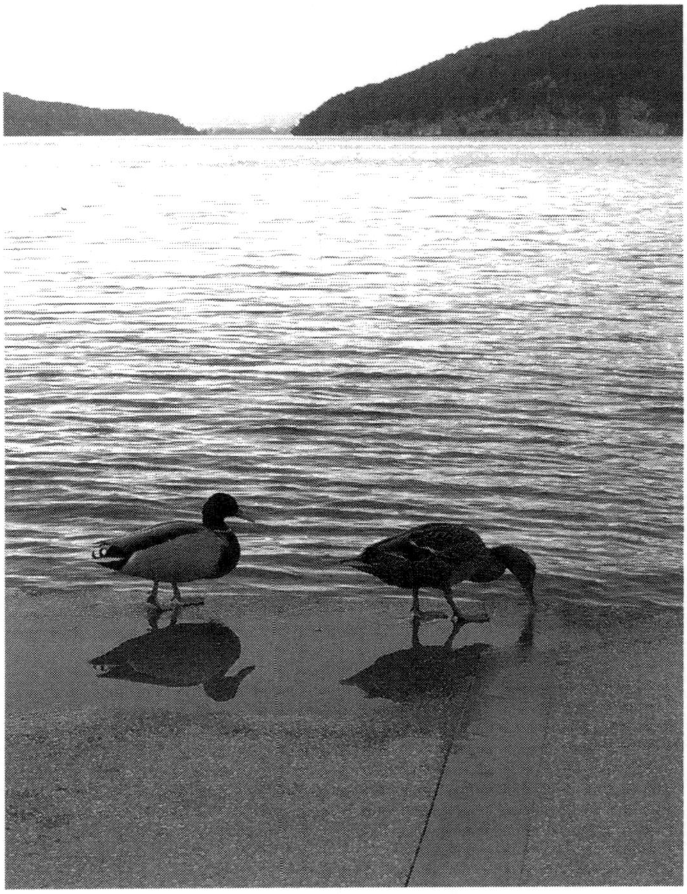

*Jeudi 4 novembre, l'après-midi.
Portrait d'un château sur fond de montagne en automne.*

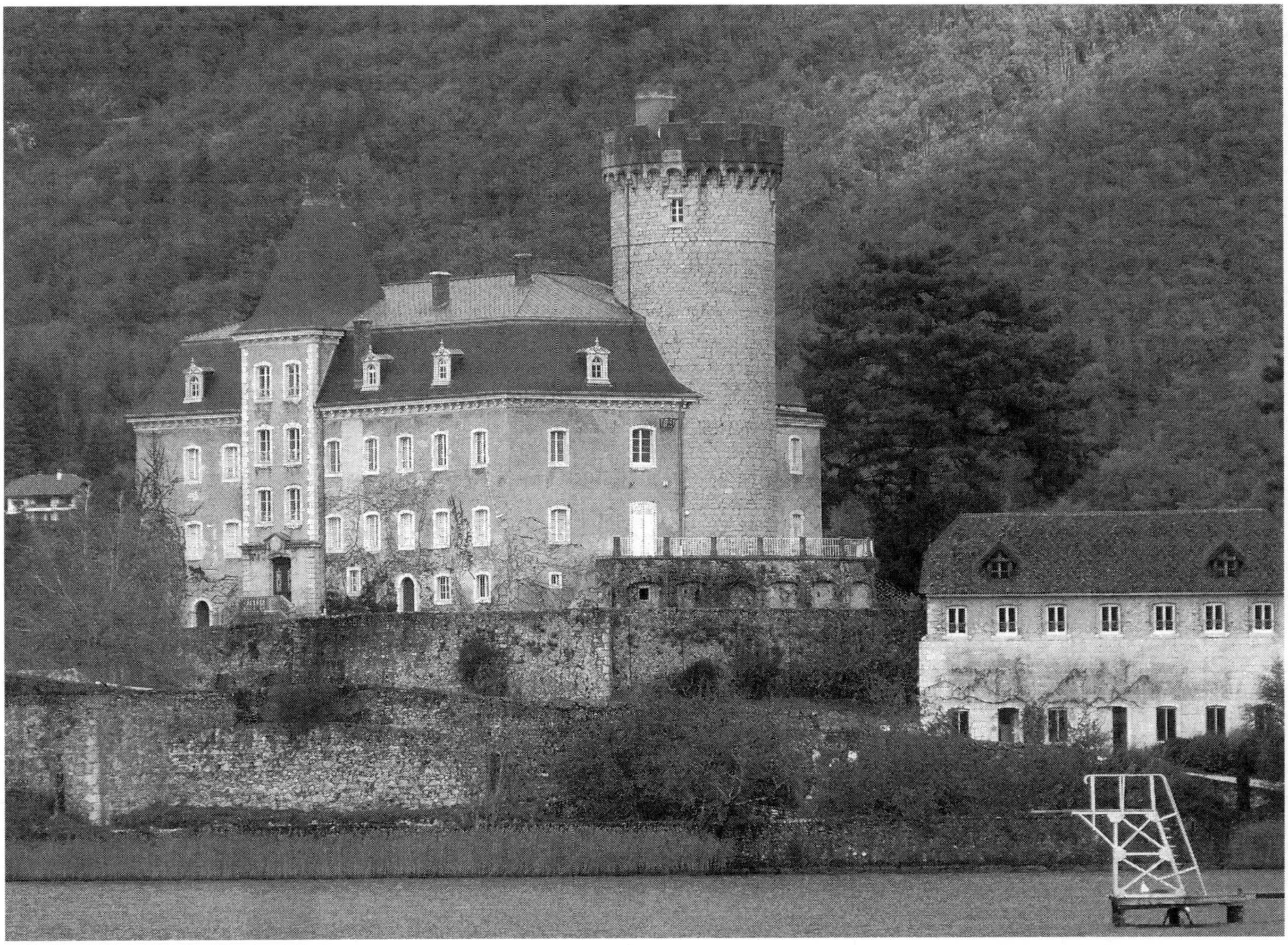

Les roseaux ont un visage différent selon qu'il sont nombreux et serrés les uns contre les autres ou bien quelques uns à la lisière...

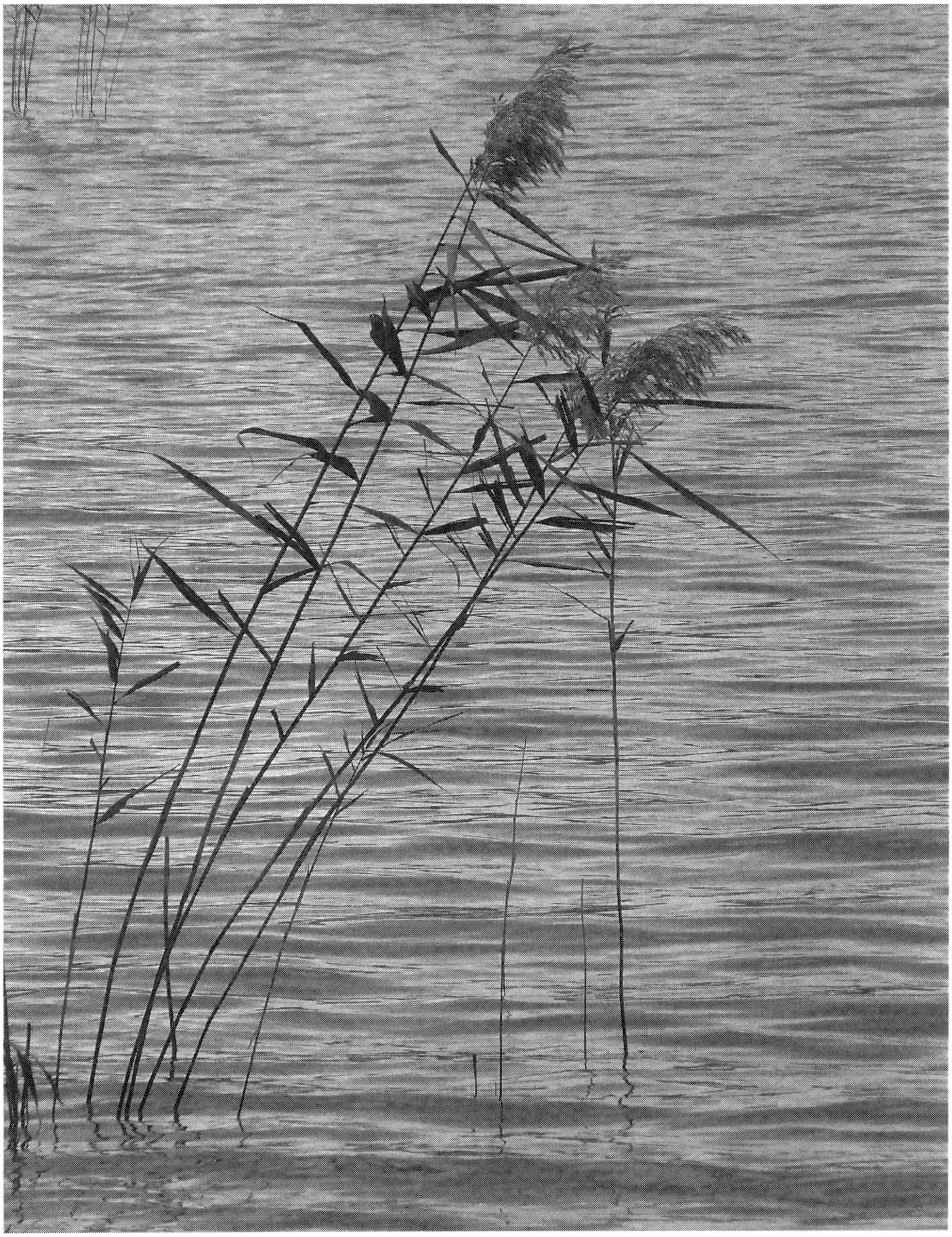

Portraits de foulques.

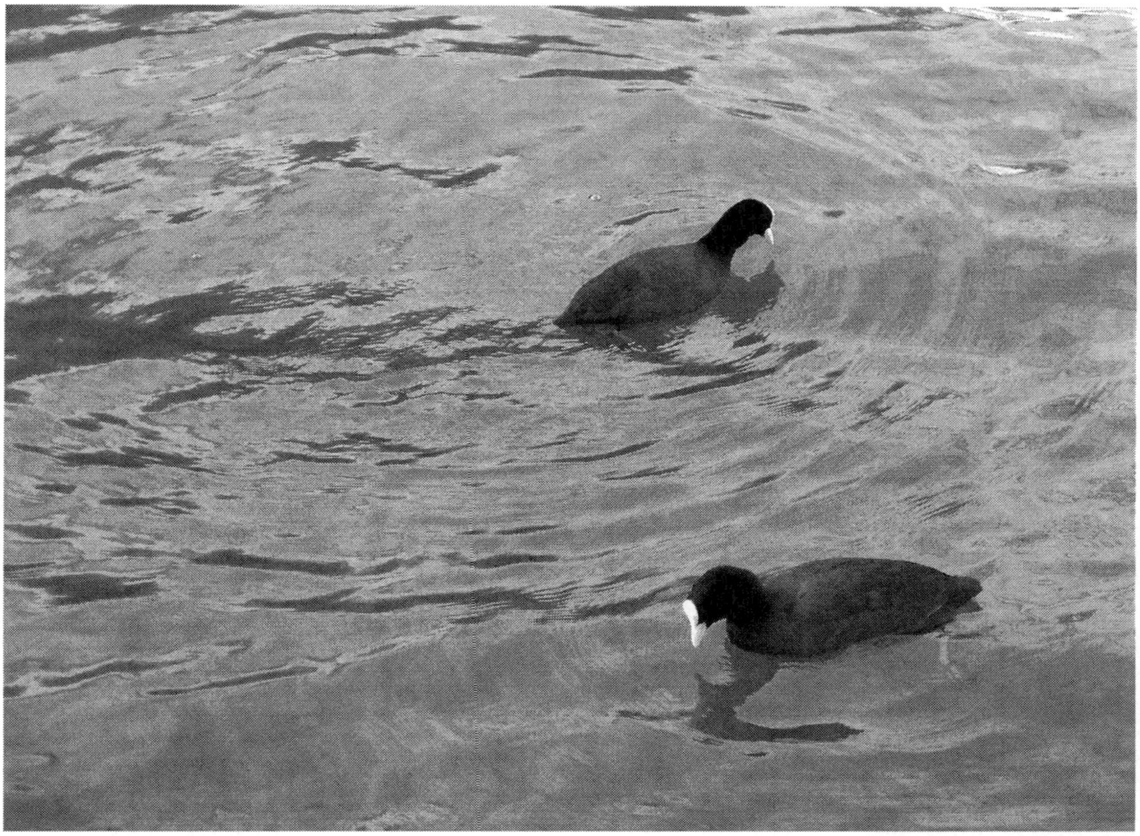

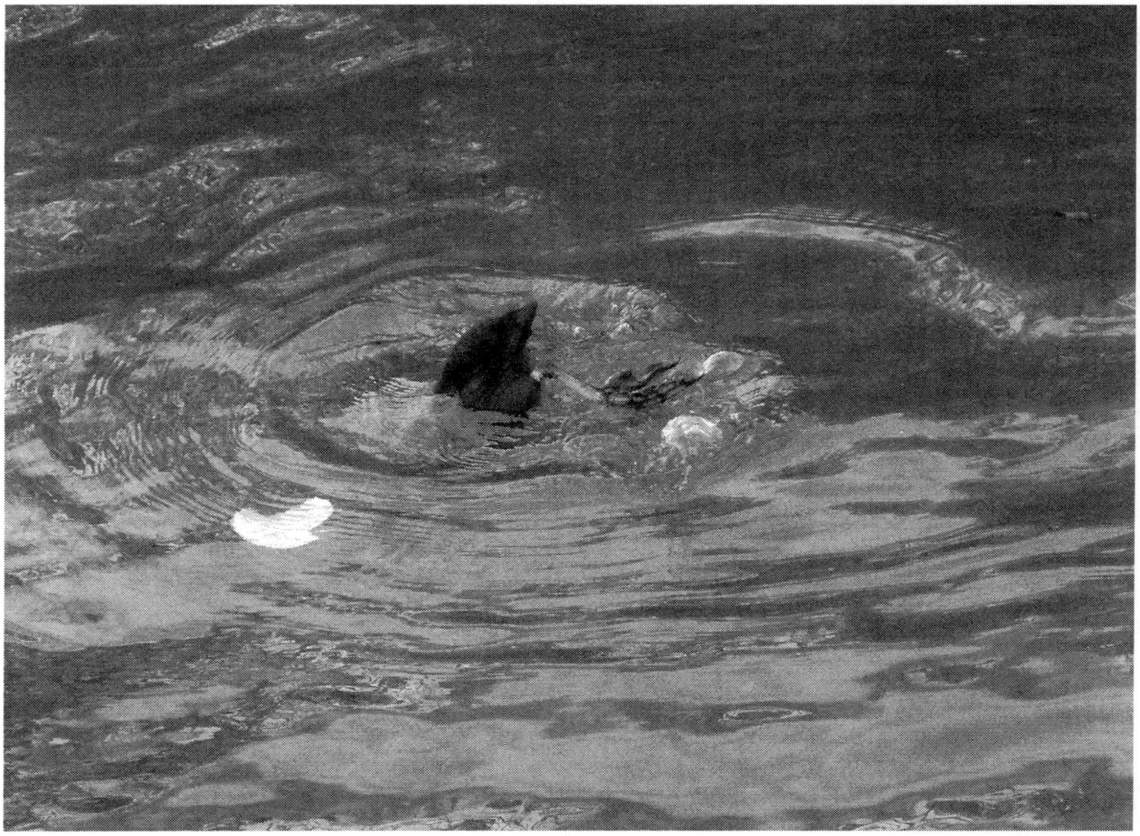

Portraits d'un arbre du square Saint François de Sales.

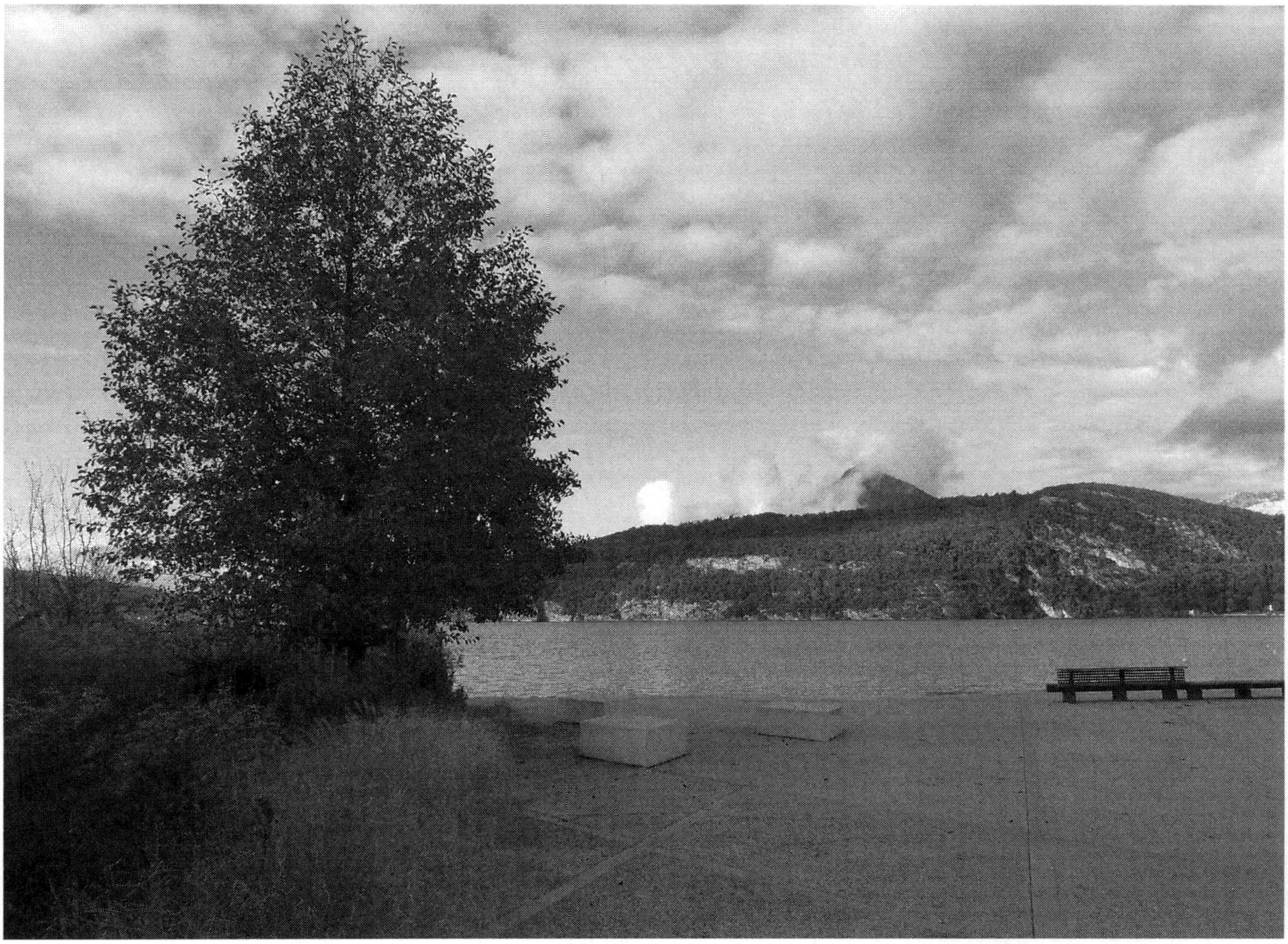

*Dimanche 14 novembre, l'après-midi.
Je les trouve belles, ces peintures du lac sur toute la longueur d'un mur.*

Les couleurs ont pâli et il y a des fissures, pourtant le charme demeure.

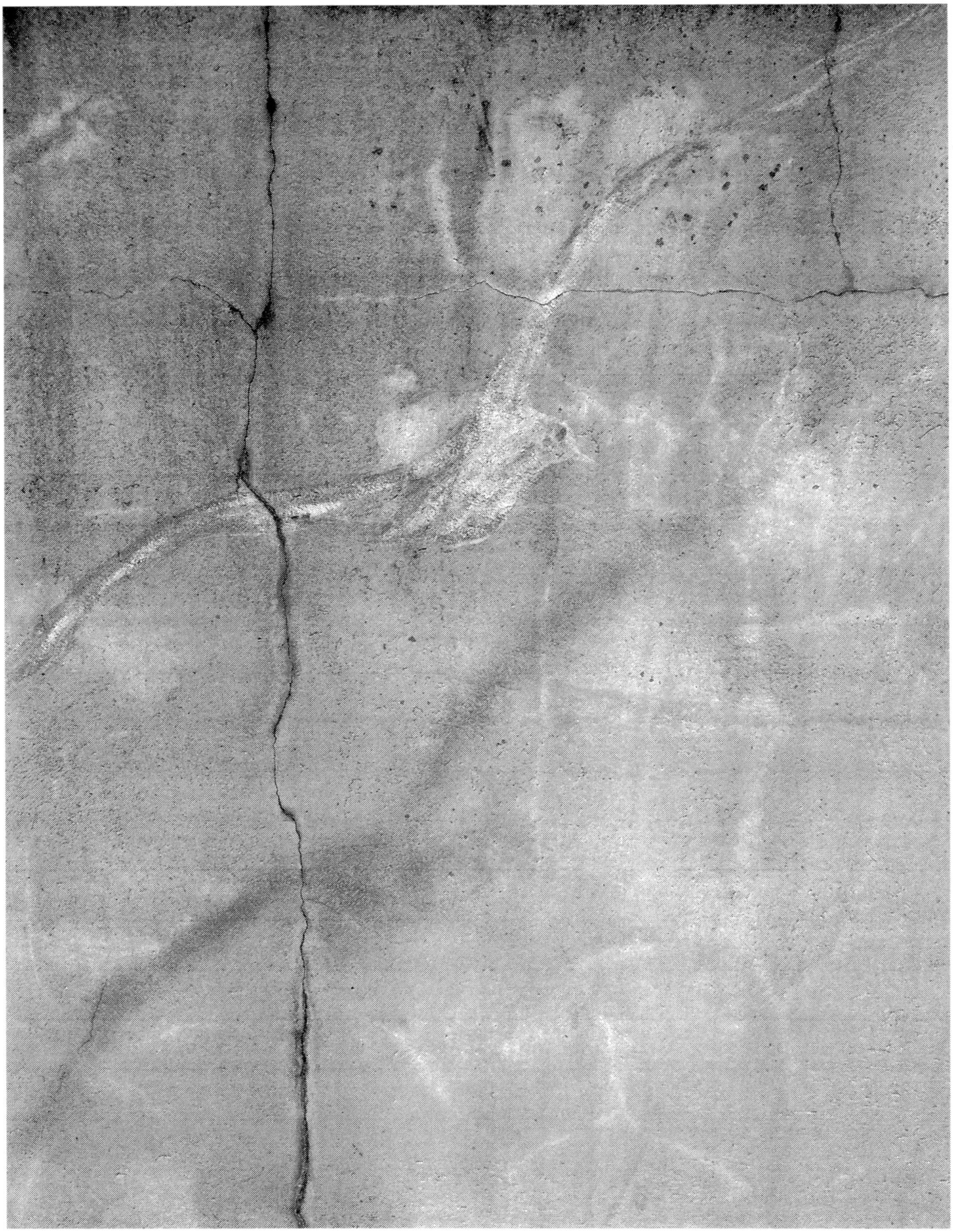

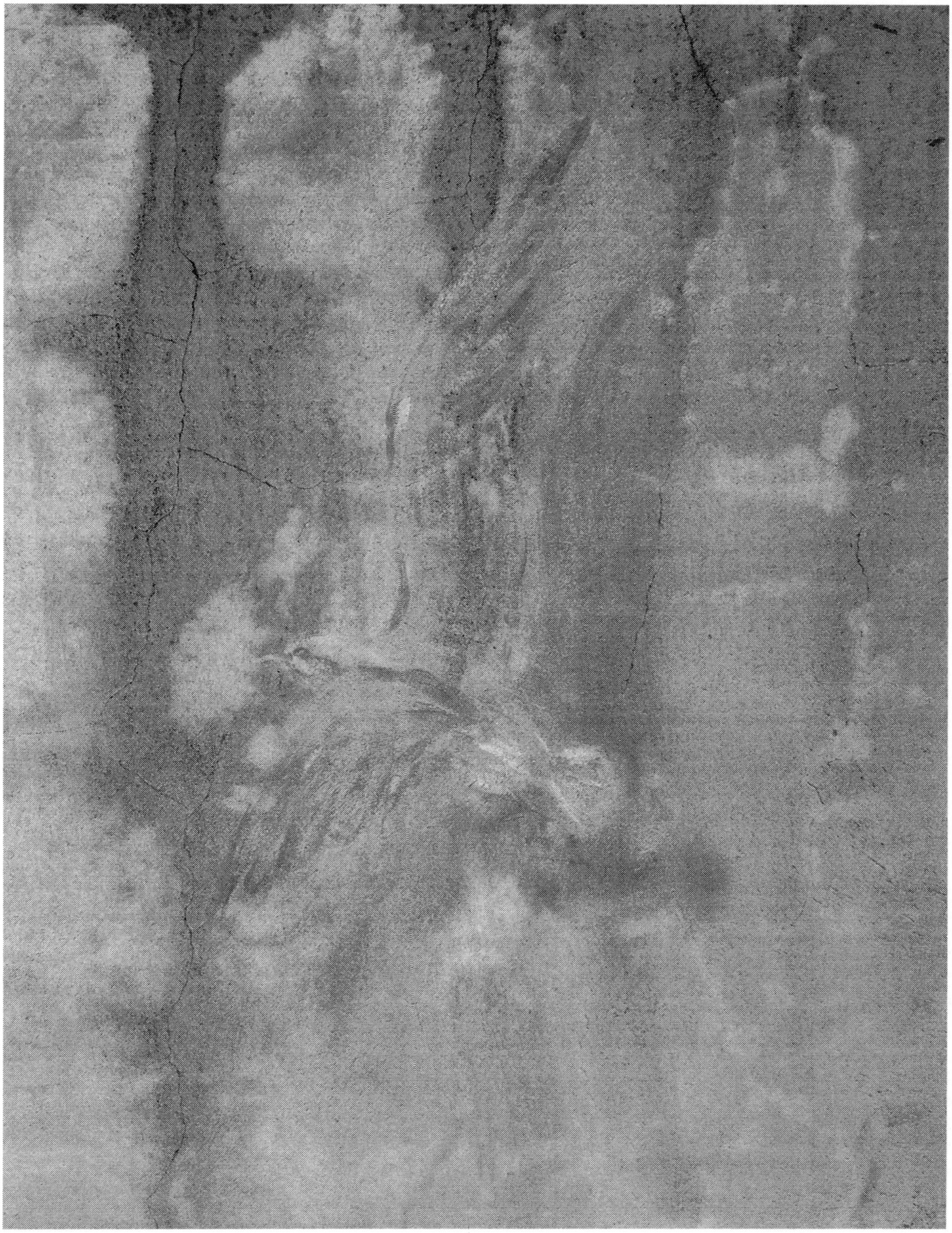

Je retourne au vieux village en longeant la départementale.

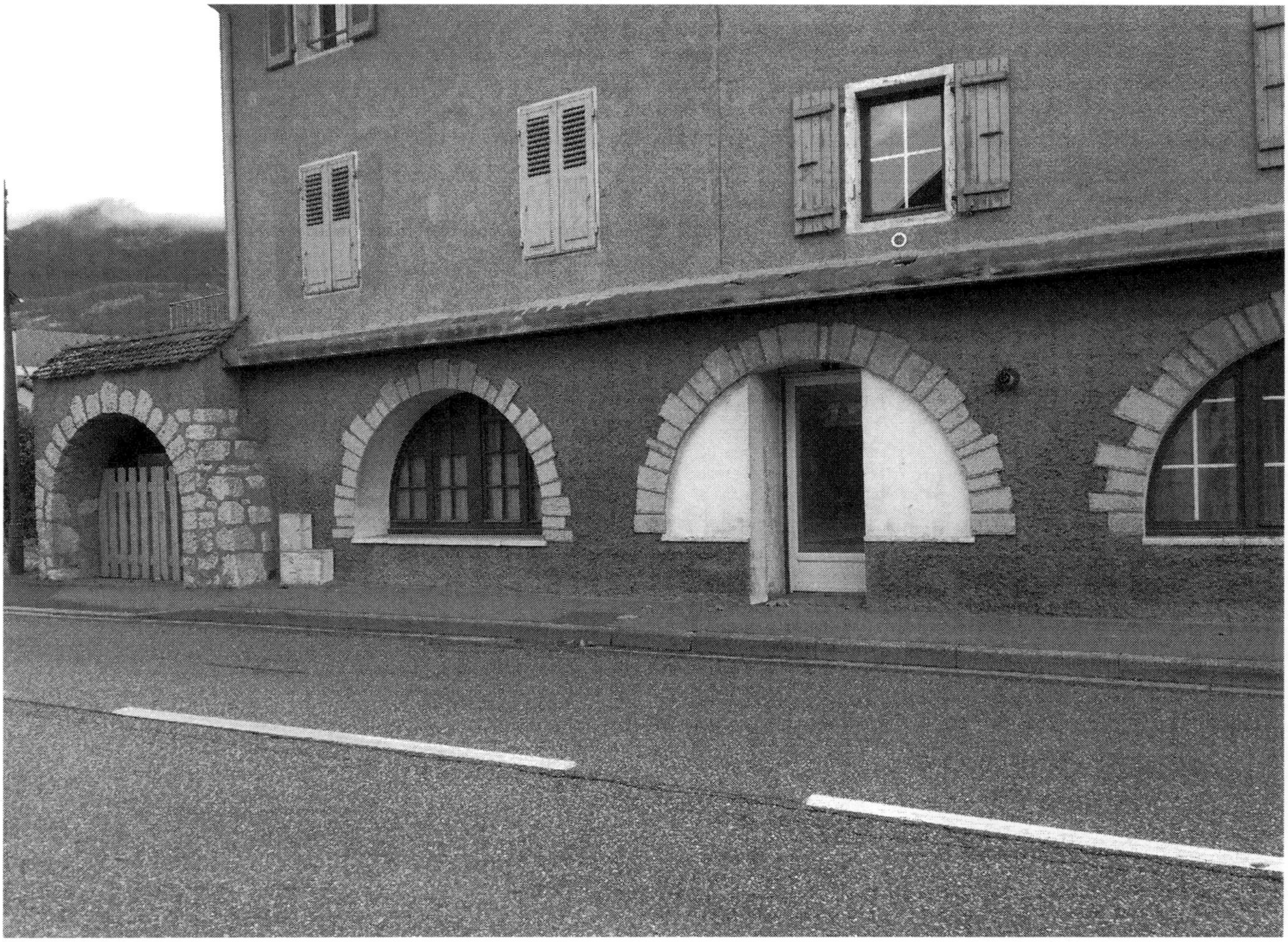

Encore quelques instants au bord de l'eau, non loin de la boulangerie, pour faire ce portrait du lac agité par le vent et de sa rive couverte de tiges de roseaux, brindilles et feuilles mortes.

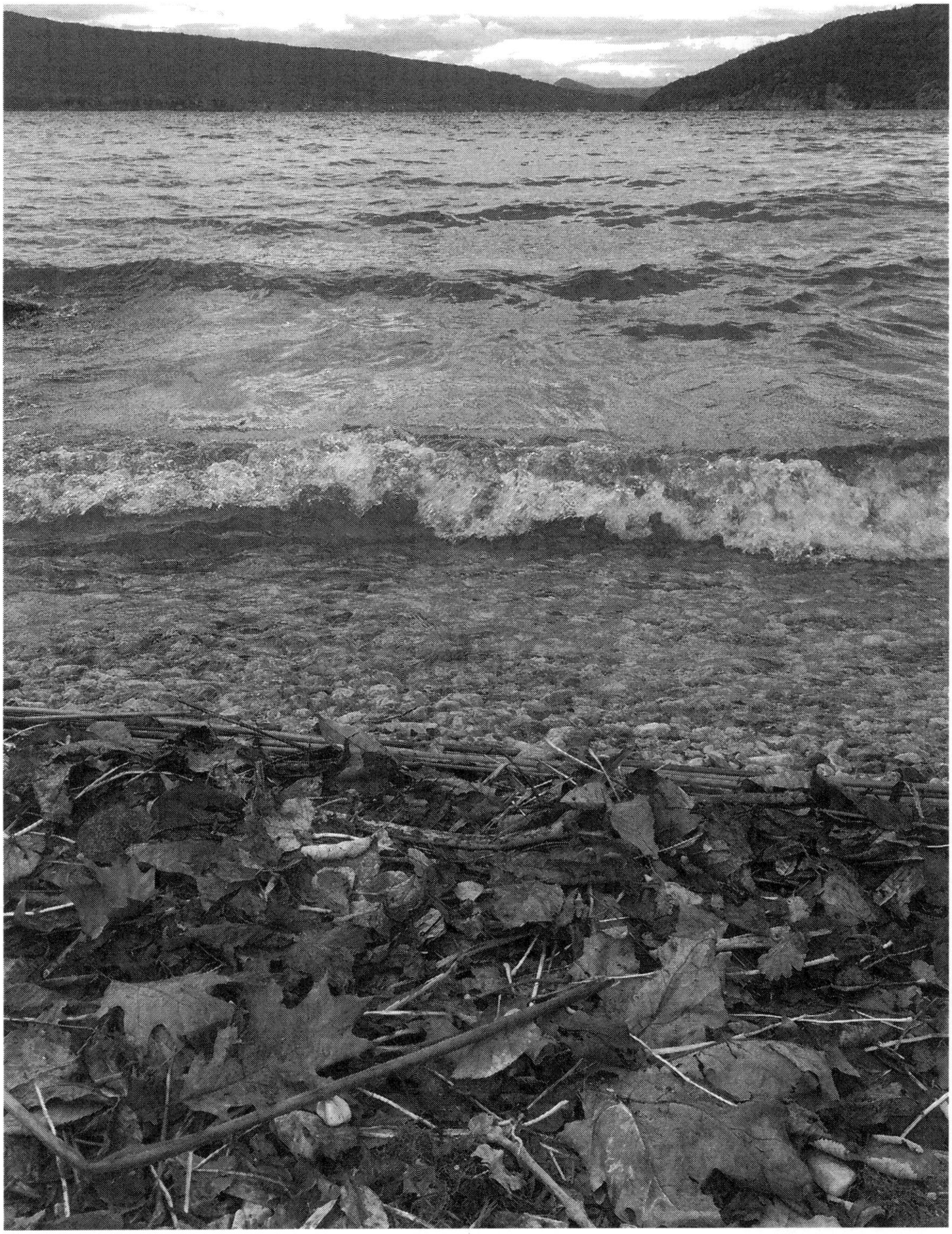

Jeudi 18 novembre, l'après-midi.
Le square Saint François de Sales dans la douceur de l'automne.

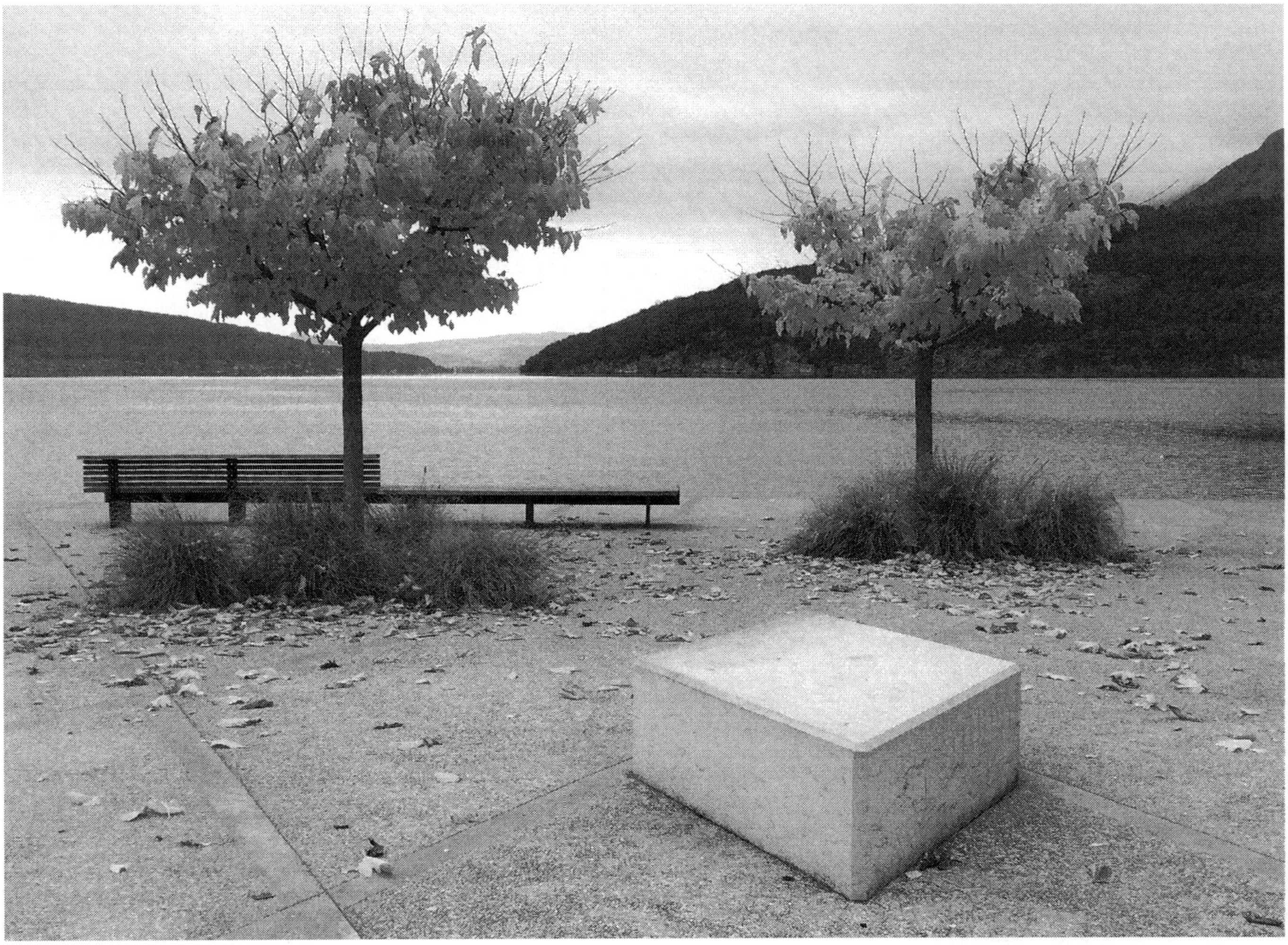

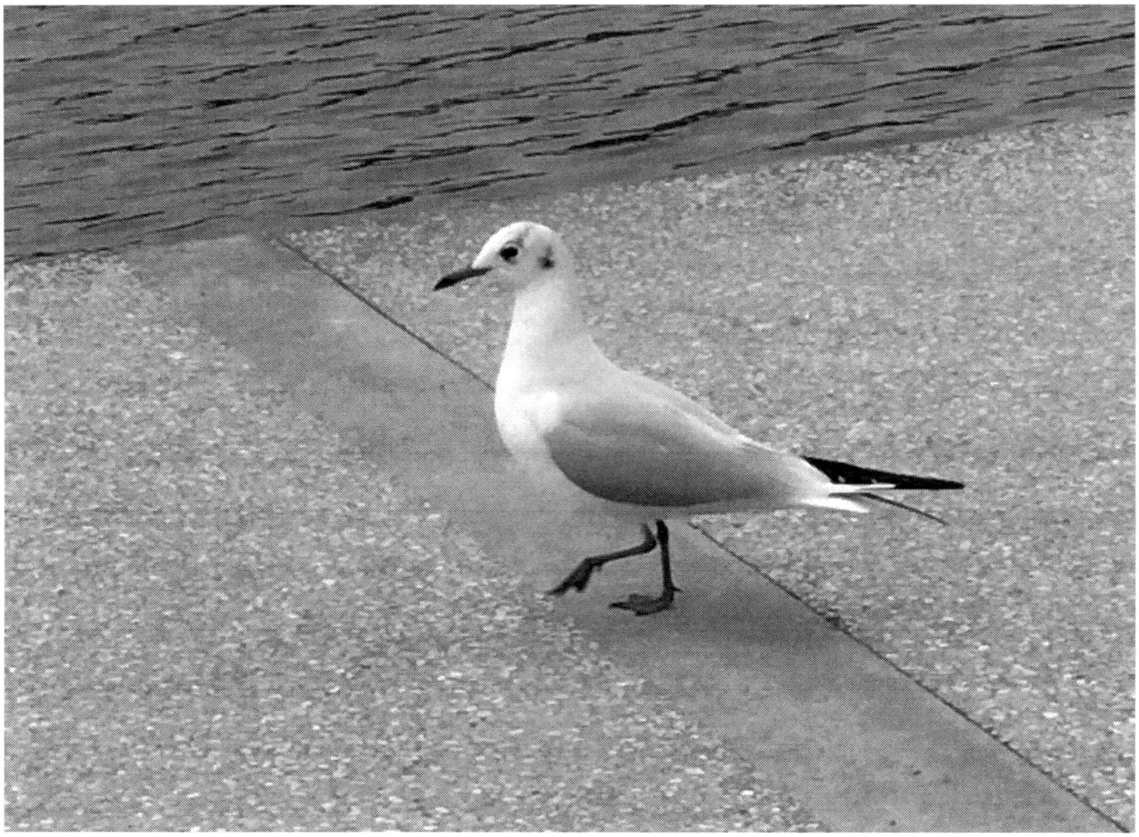

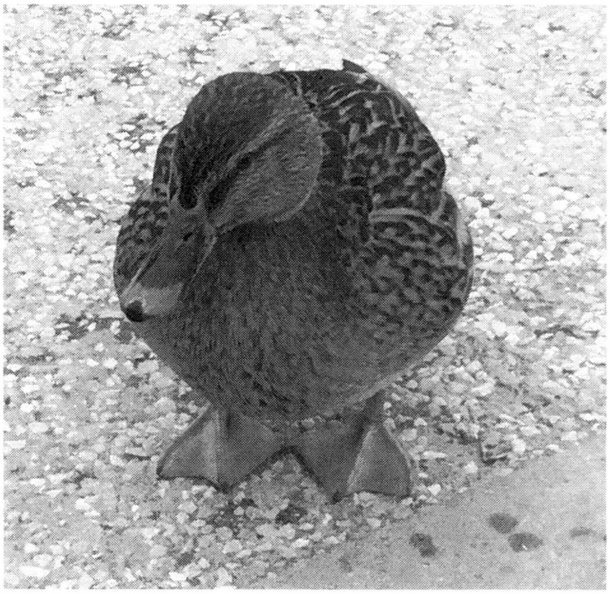

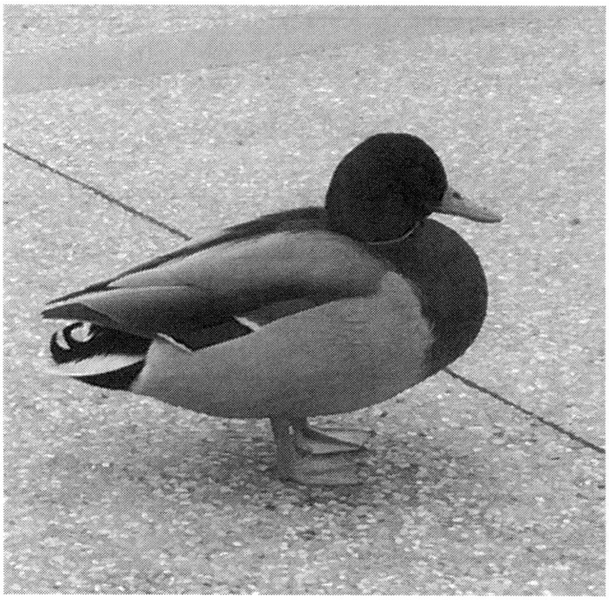

Aujourd'hui j'ai de la compagnie.

Vendredi 31 décembre, le matin.
Temps de brume. Du ponton, je distingue à peine...

le château, qui pourrait être celui d'un songe.

2022

*Jeudi 13 janvier, l'après-midi.
Deux adolescents sont venus au bord du lac en trottinette.
Debout sur une marche de l'escalier, ils semblent plongés
dans leurs pensées.*

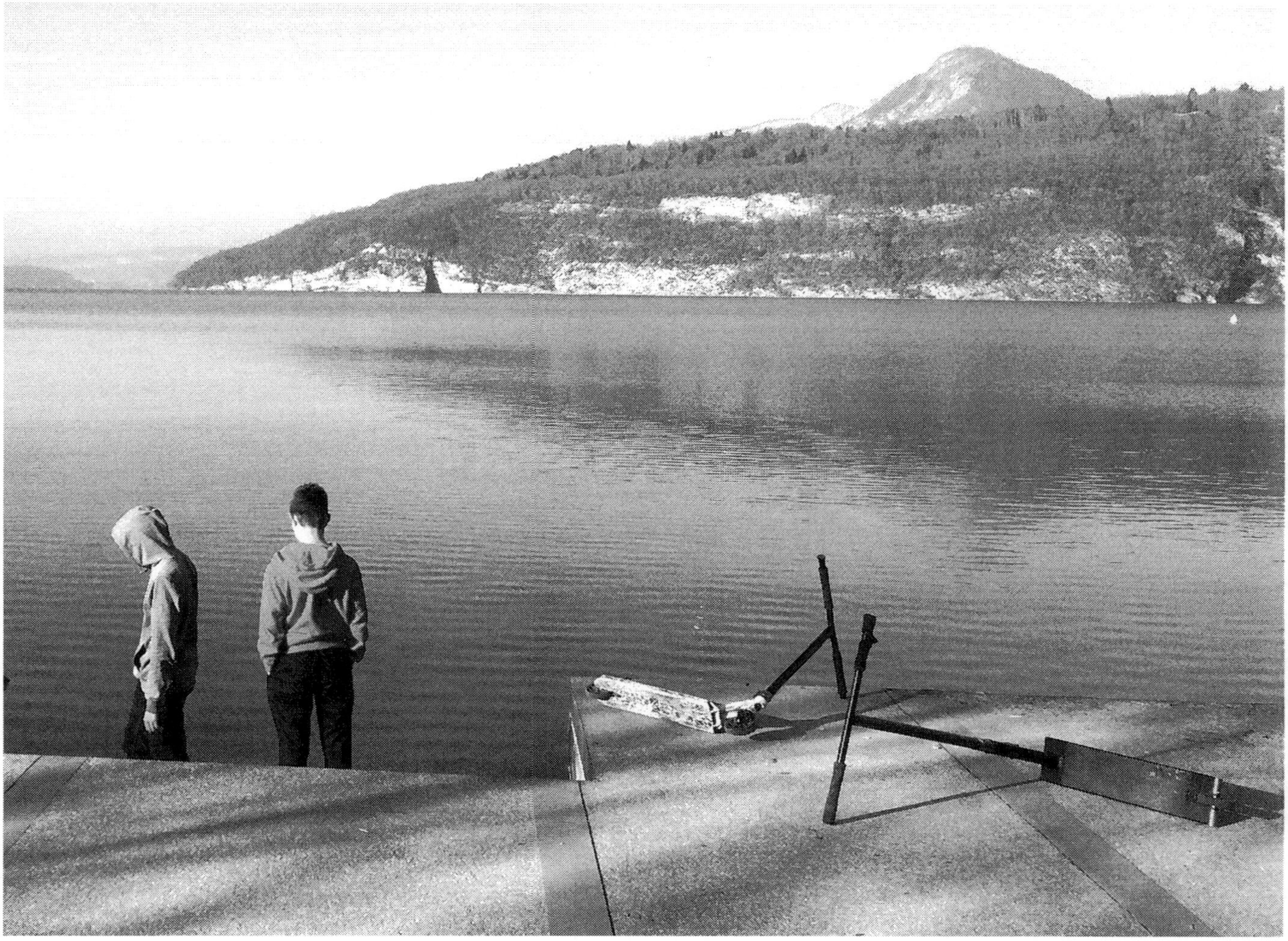

*Vendredi 21 janvier, le matin.
À la lisière des croisillons bleus, un cygne solitaire.*

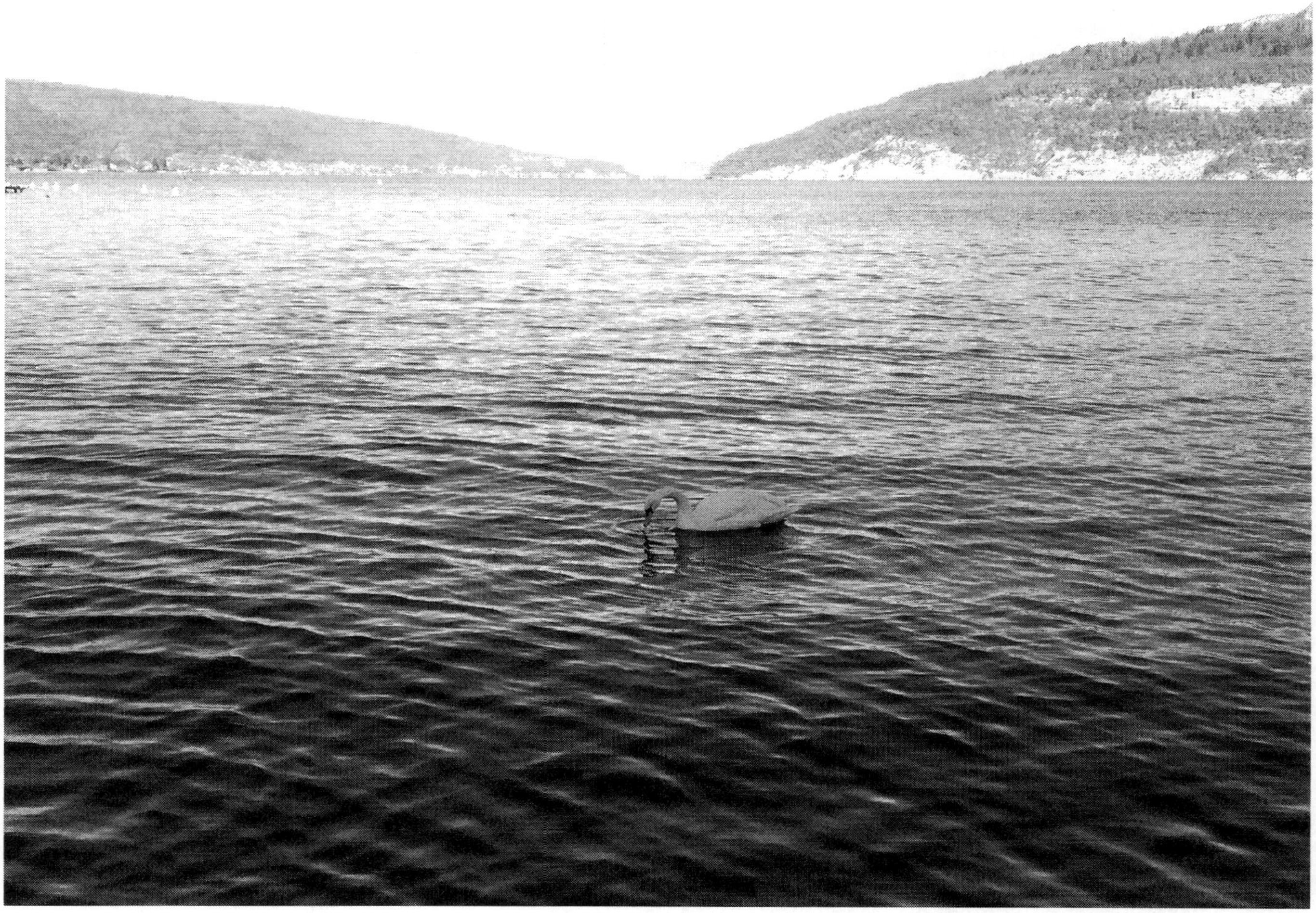

*Dimanche 13 février, le matin.
Portraits d'un couple de harles bièvres.*

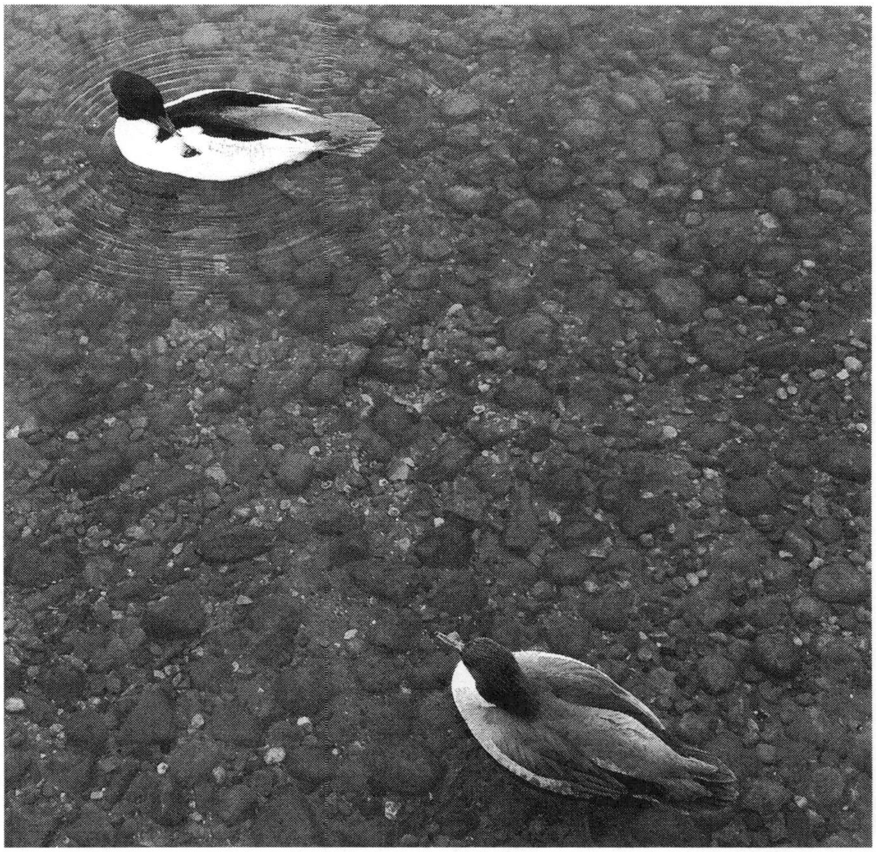

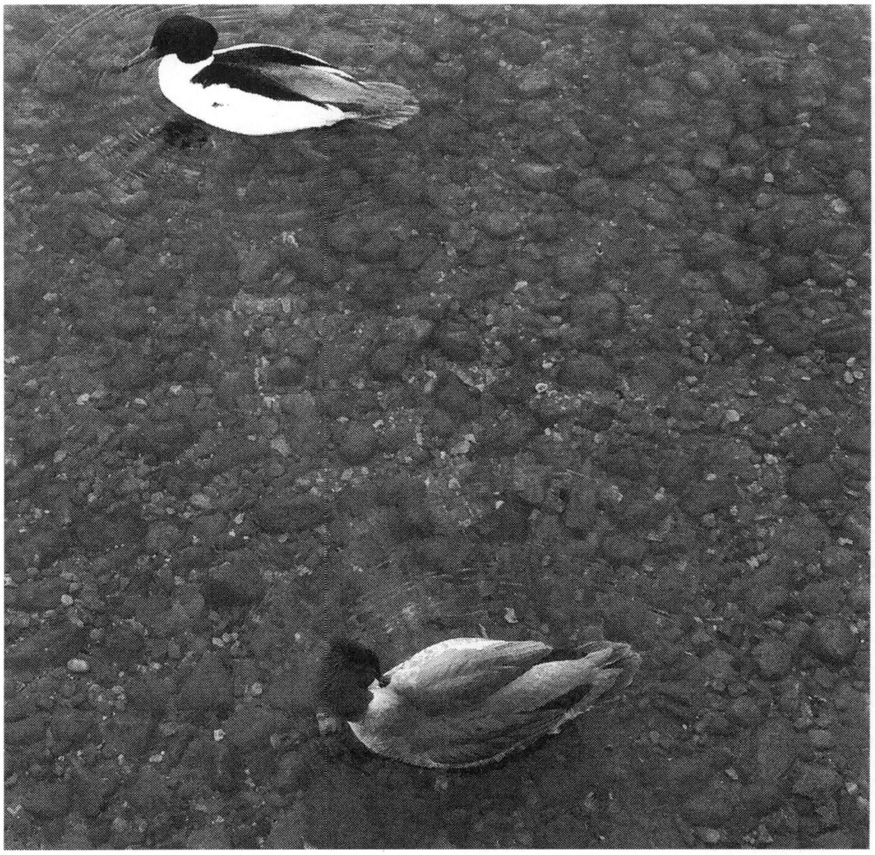

*Mardi 22 février, le matin.
Une douce lumière baigne le lac et ses oiseaux.*

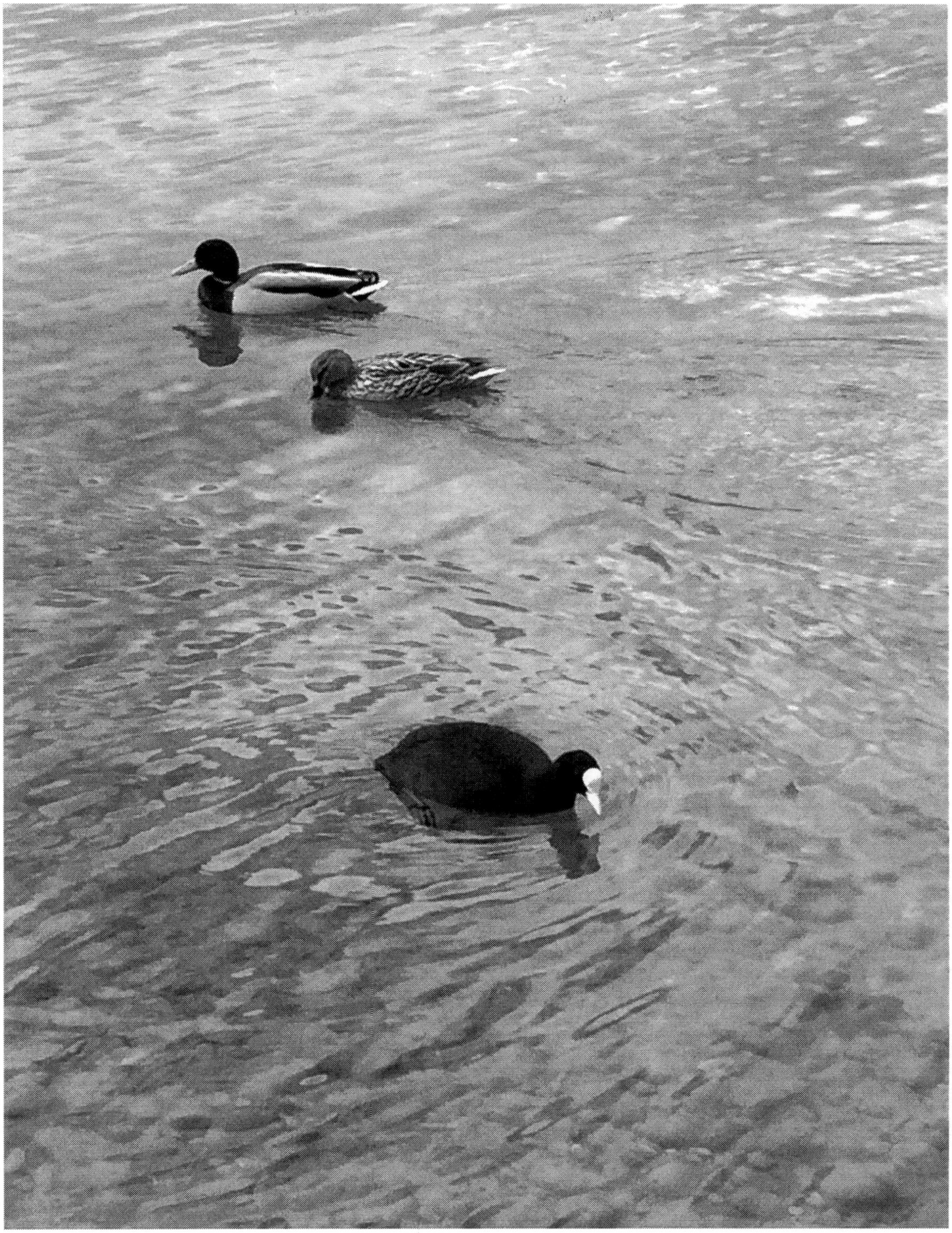

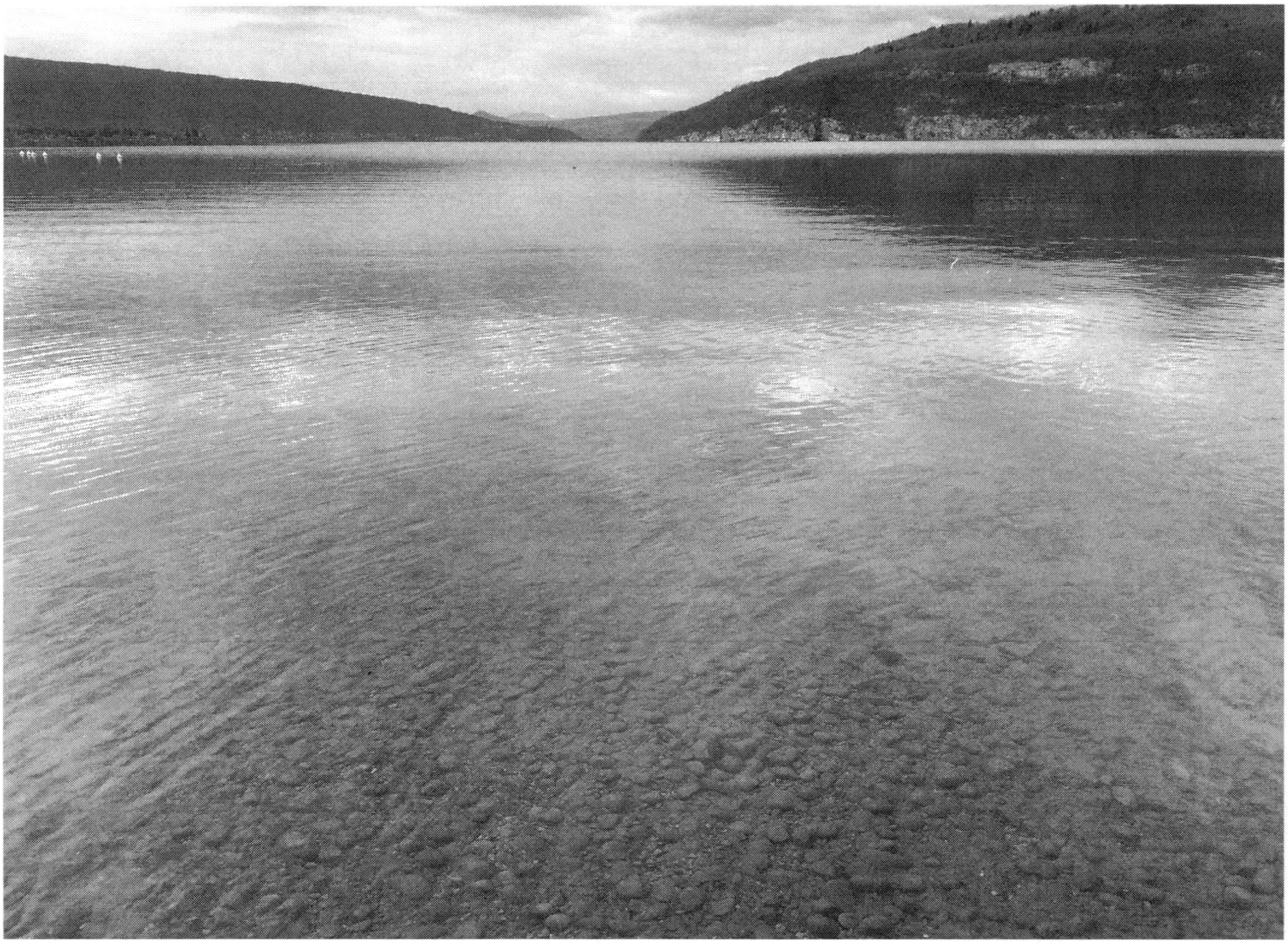

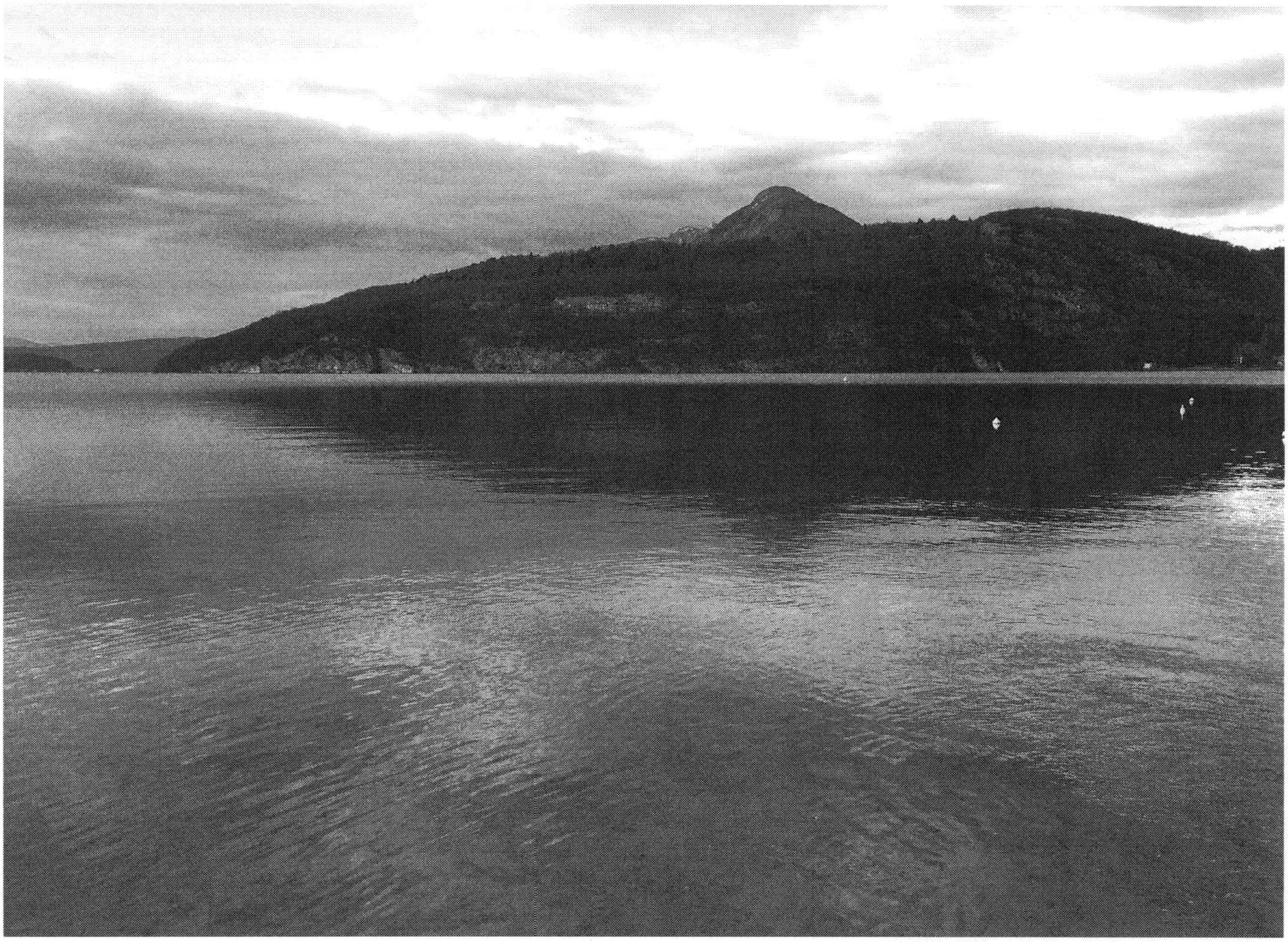

*Samedi 26 février, fin de l'après-midi.
La falaise d'escalade est encore au soleil.*

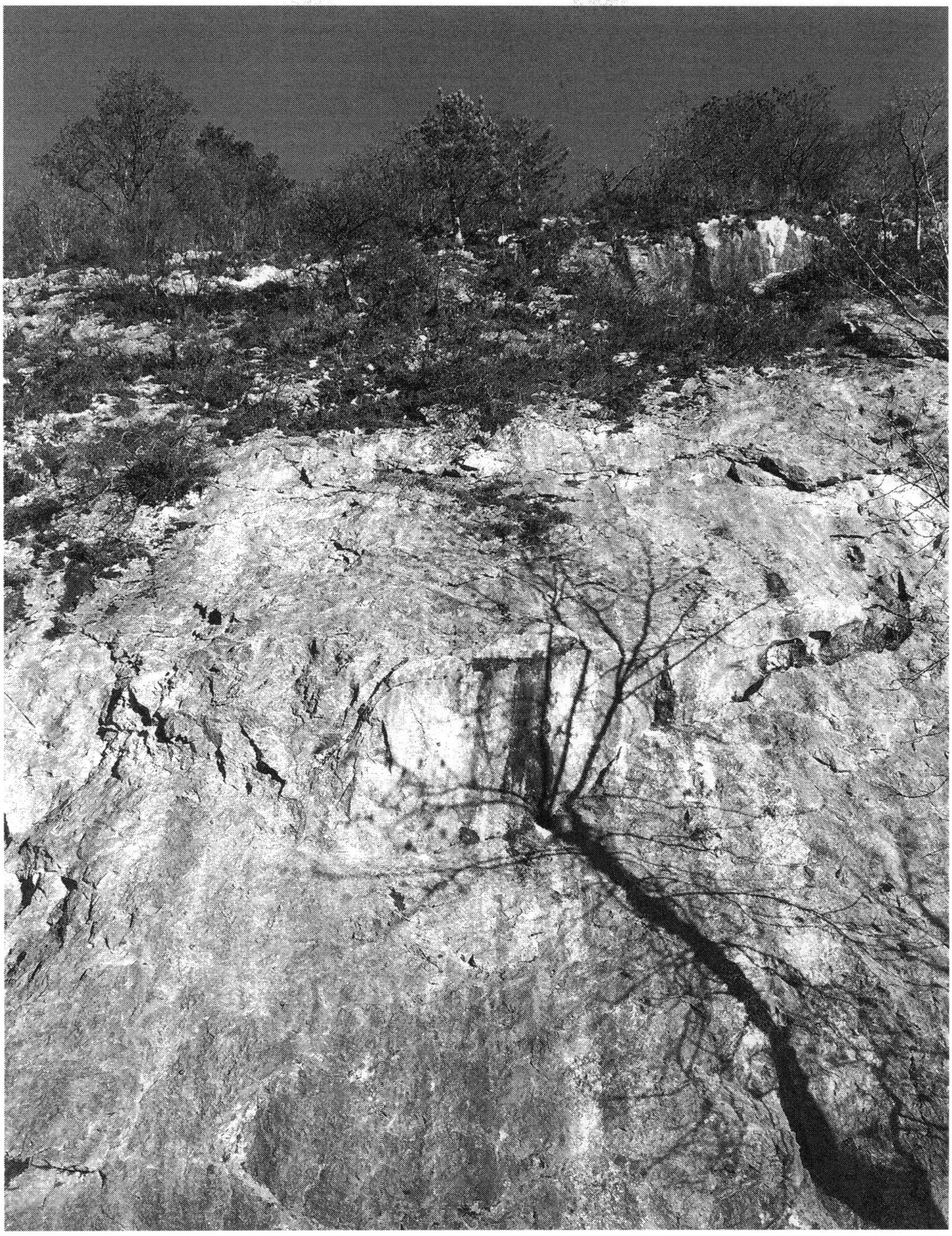

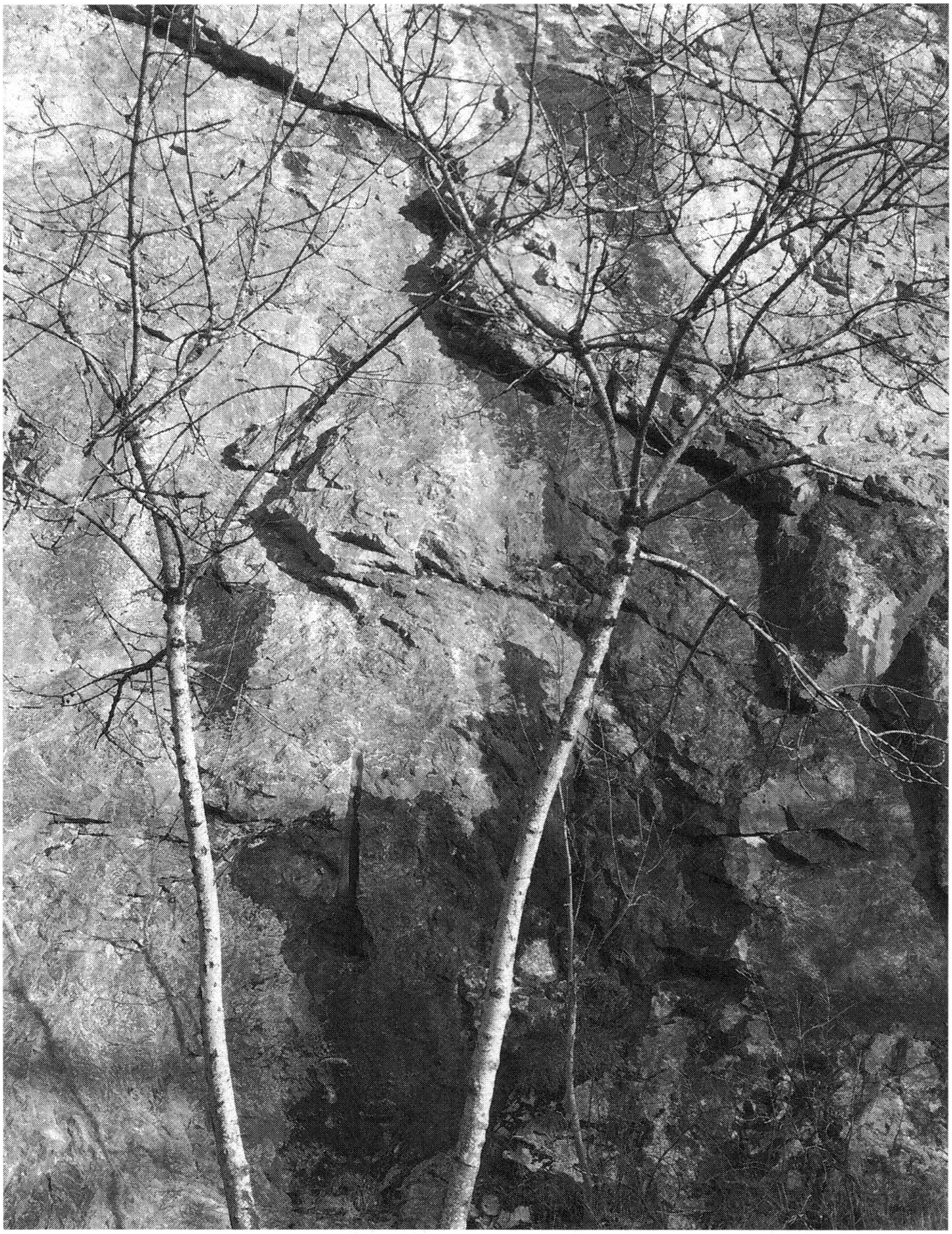

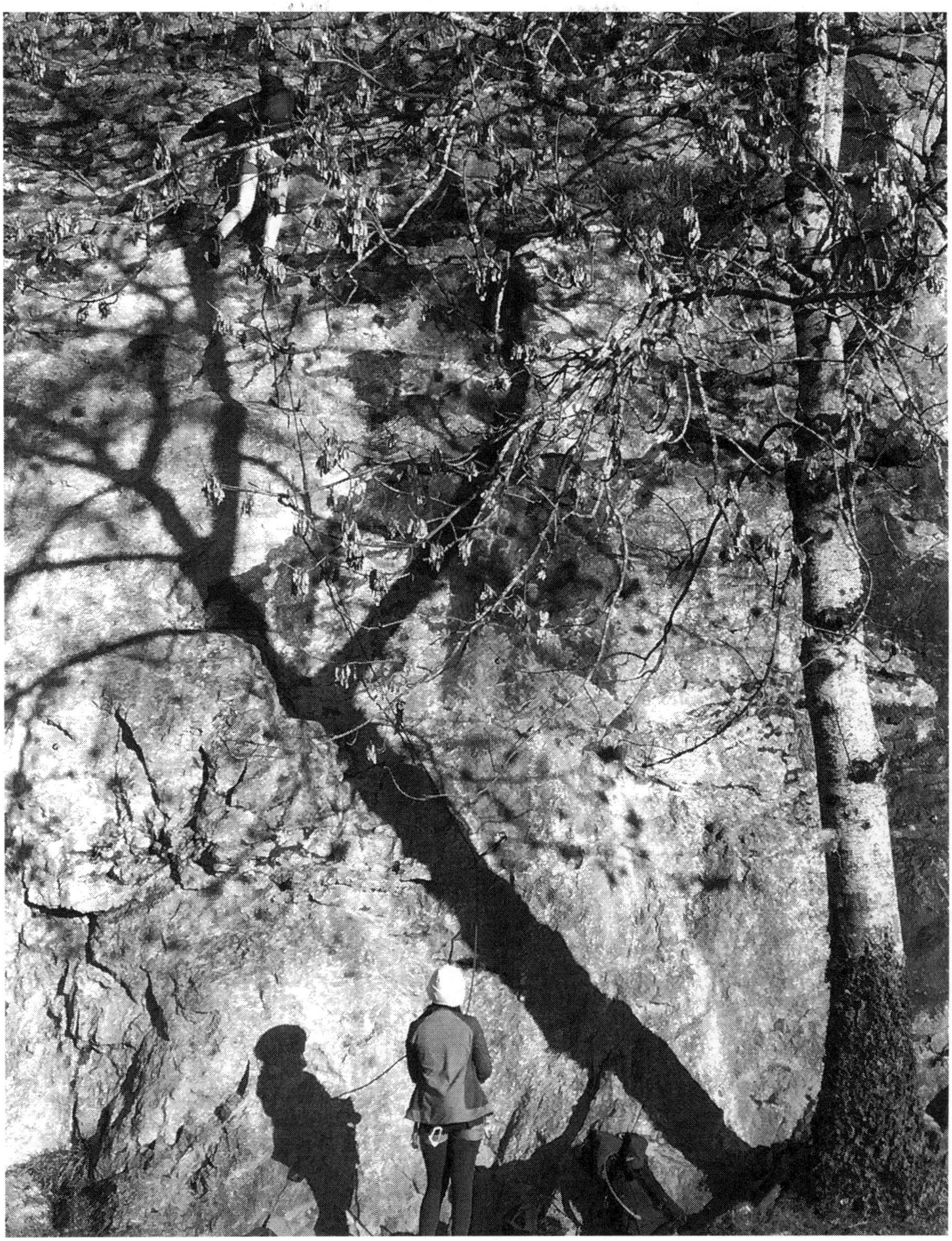

Mardi 17 mai, le matin.
Arrivée au belvédère, je contemple le panorama qui s'ouvre à travers les arbres.

Jeudi 7 juillet, le matin.
Aujourd'hui je continue mon chemin en montant dans la forêt communale jusqu'au deuxième banc, d'où le village n'est plus visible. À cet instant, seule la nature semble présente.

Mardi 23 août, le matin.
Dans la forêt communale je monte jusqu'au premier banc, d'où je peux admirer le lac et les montagnes de l'autre rive à travers les arbres.

Mardi 18 octobre, le matin.
Le château se découpe sur le ciel, et les roseaux éclairent l'eau.

*Jeudi 10 novembre, fin de l'après-midi.
Ambiance crépusculaire au bord du lac.*

Jeudi 24 novembre, l'après midi.
Le château apparaît entre les pins.

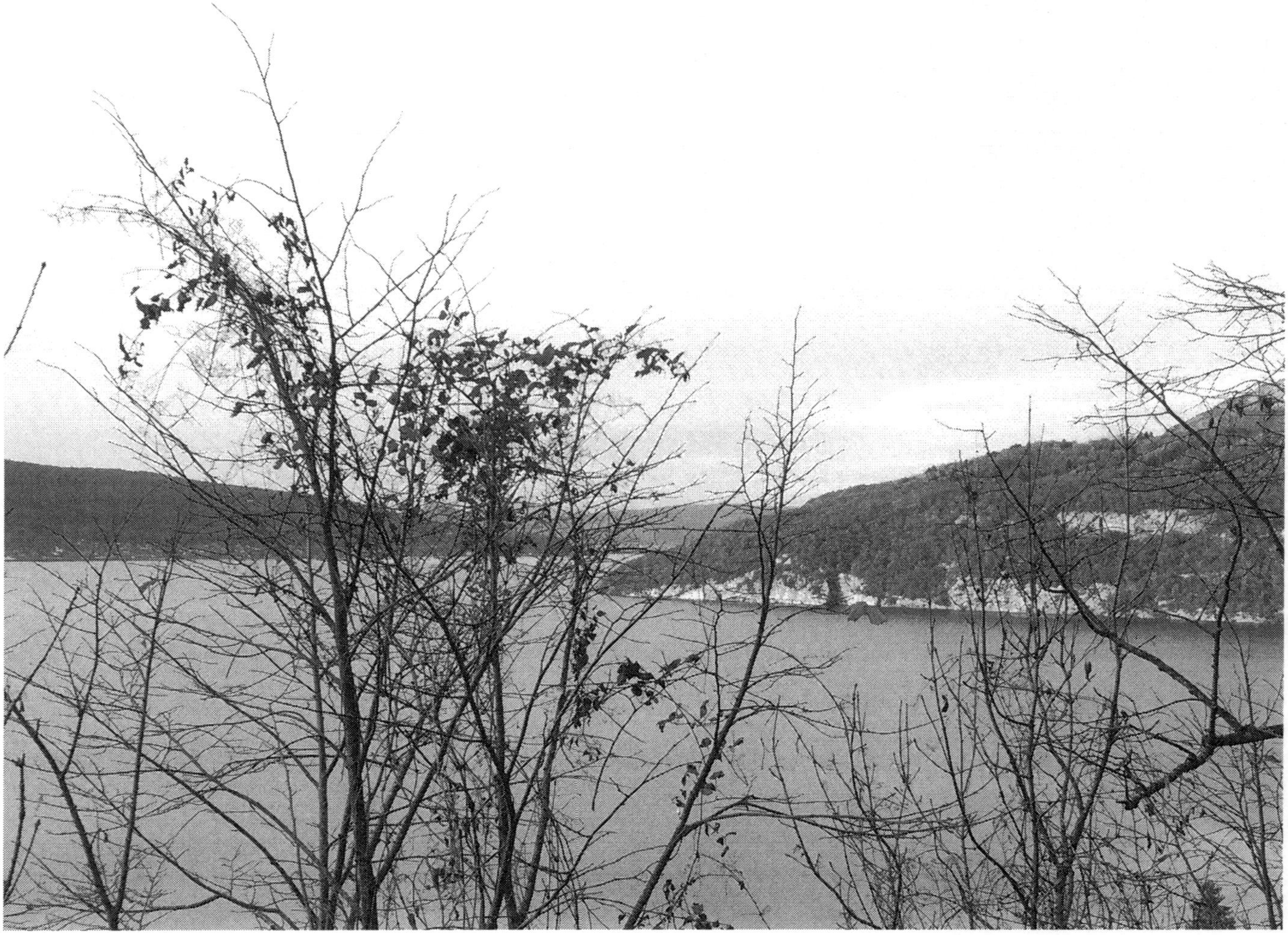

2023

Mercredi 25 janvier, l'après midi.
Je fais cette photo dans l'intention de l'envoyer à mes petits-enfants, car lors de leur visite quelques jours avant, les températures étaient descendues à -10°C et ils n'avaient pas pu voir l'image, qui était alors recouverte d'une épaisse couche de neige très dure impossible à balayer d'un simple revers de moufle !

Mercredi 15 mars, le matin.
Il fait un temps magnifique, idéal pour une balade.

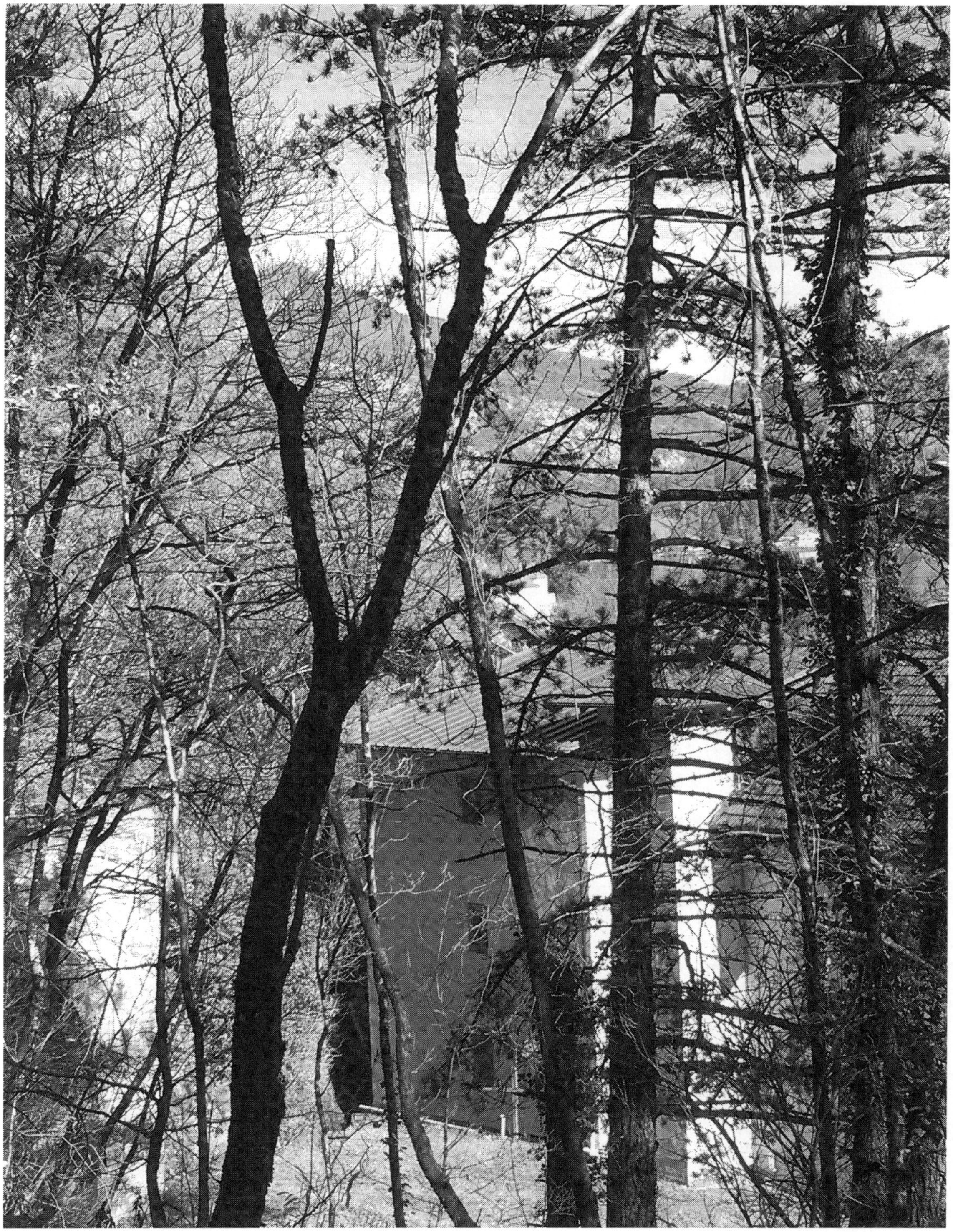

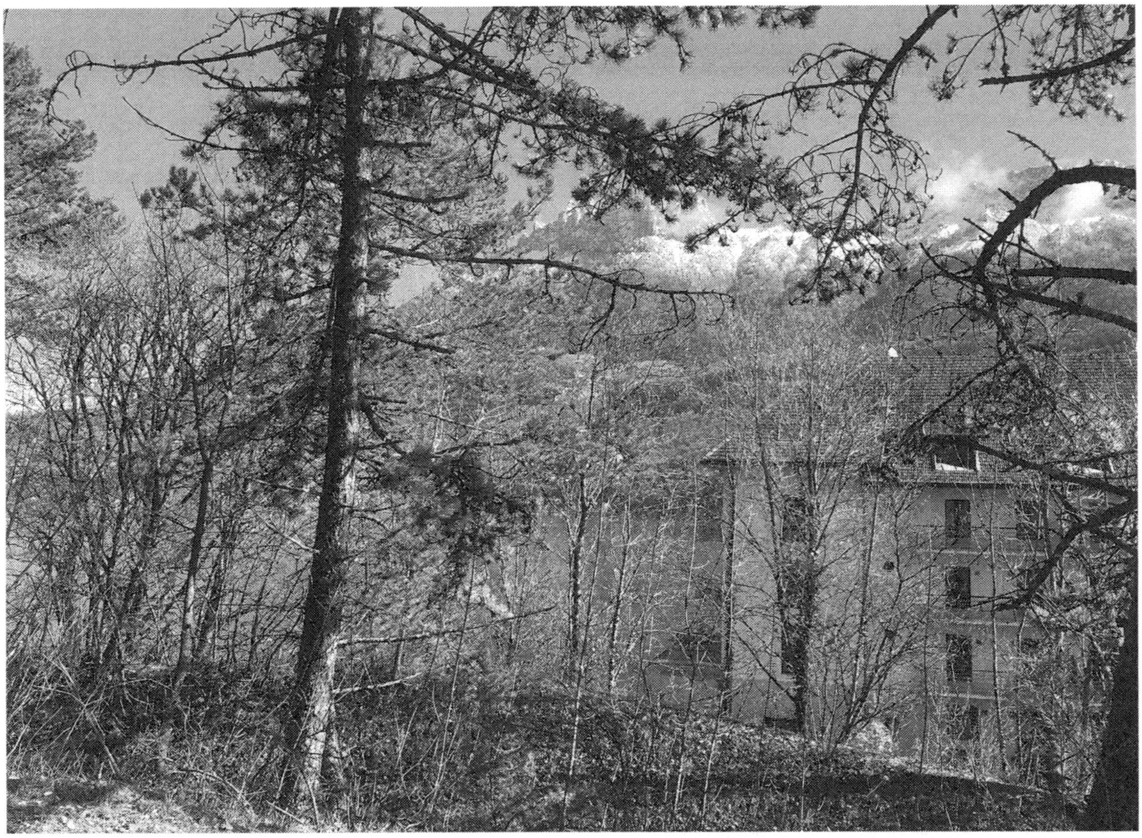

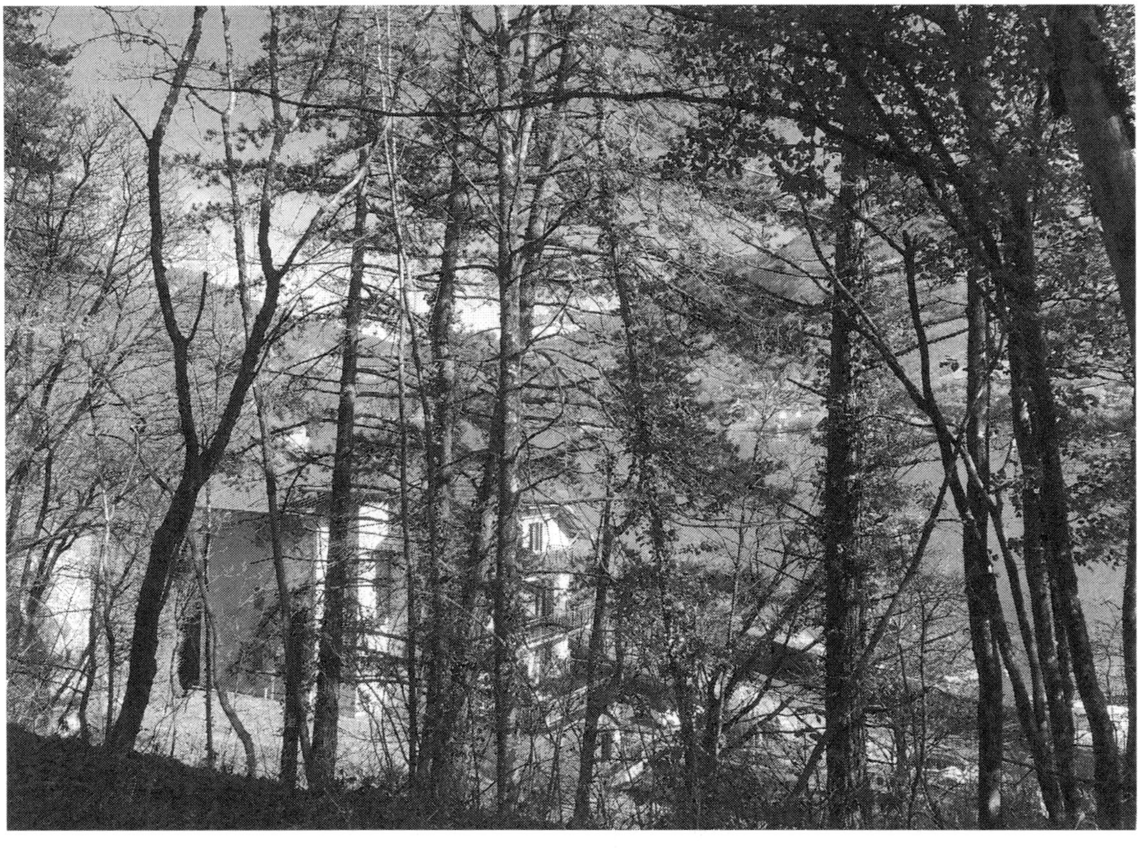

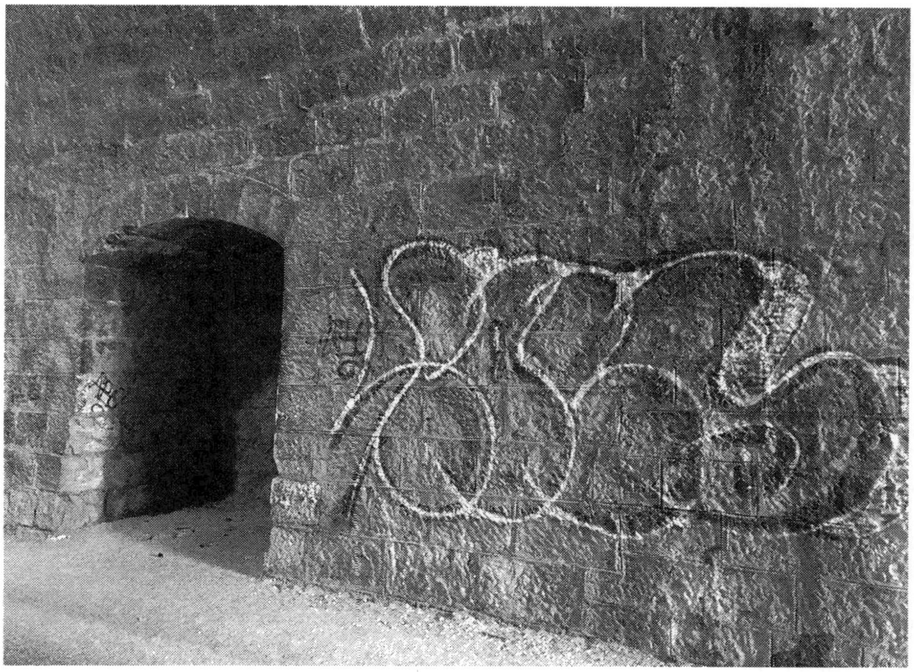

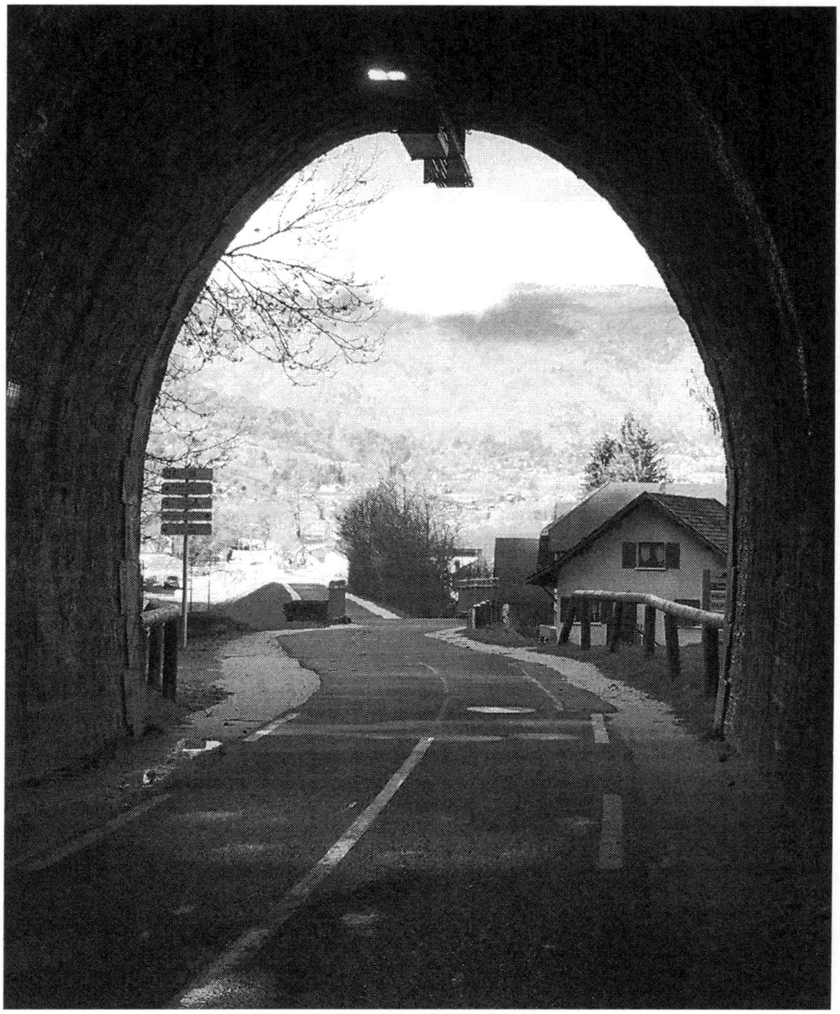

On dirait bien la famille Barbapapa !

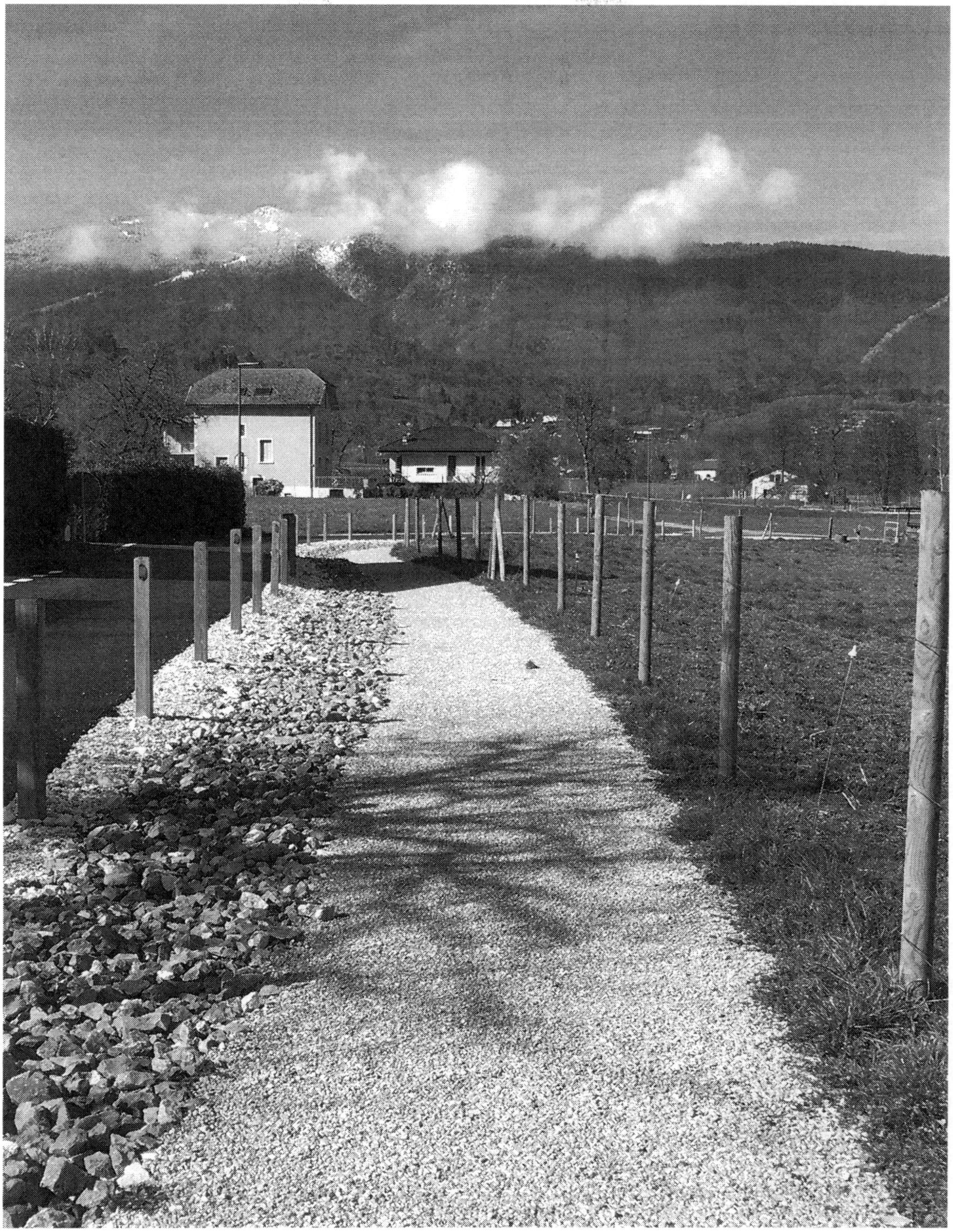

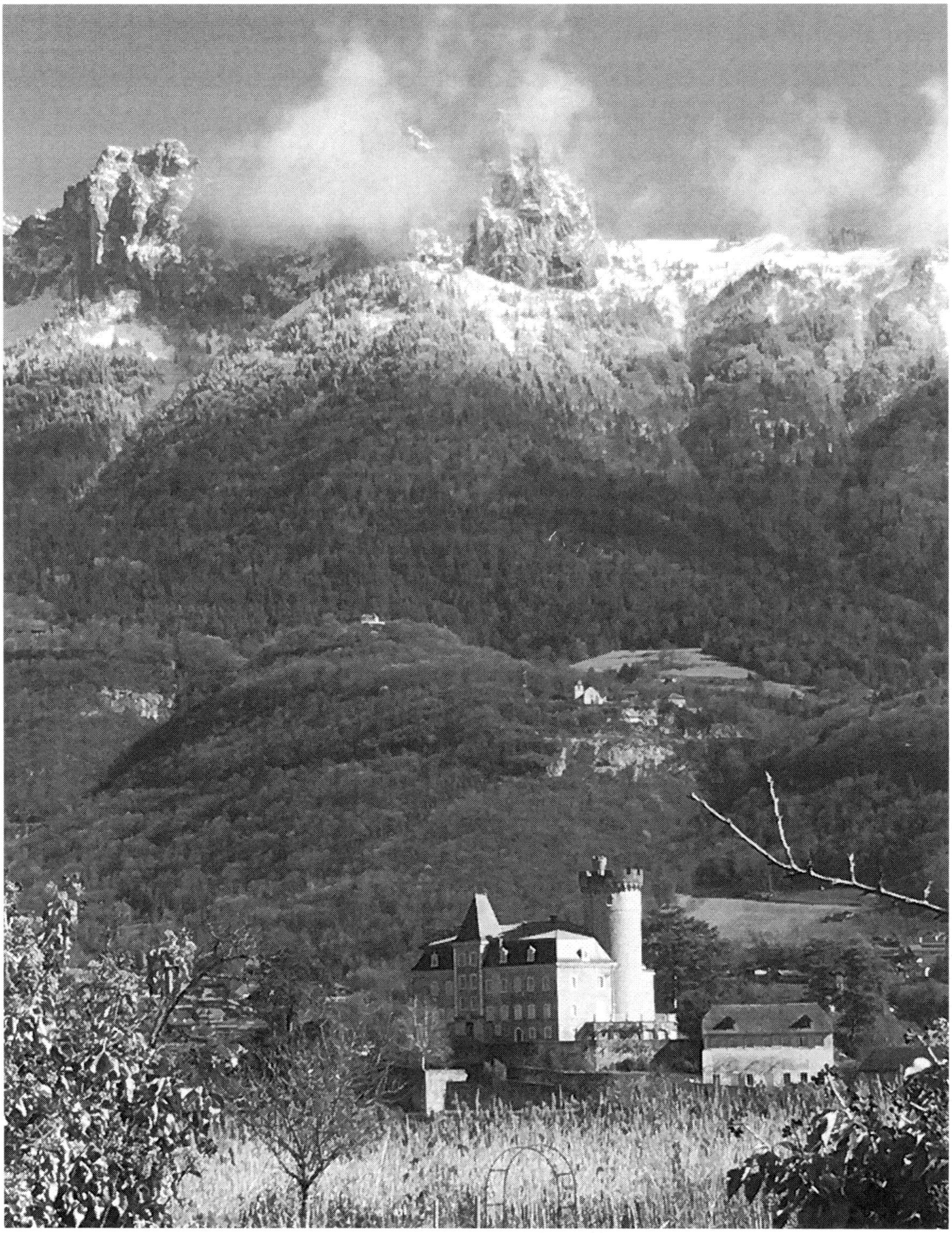

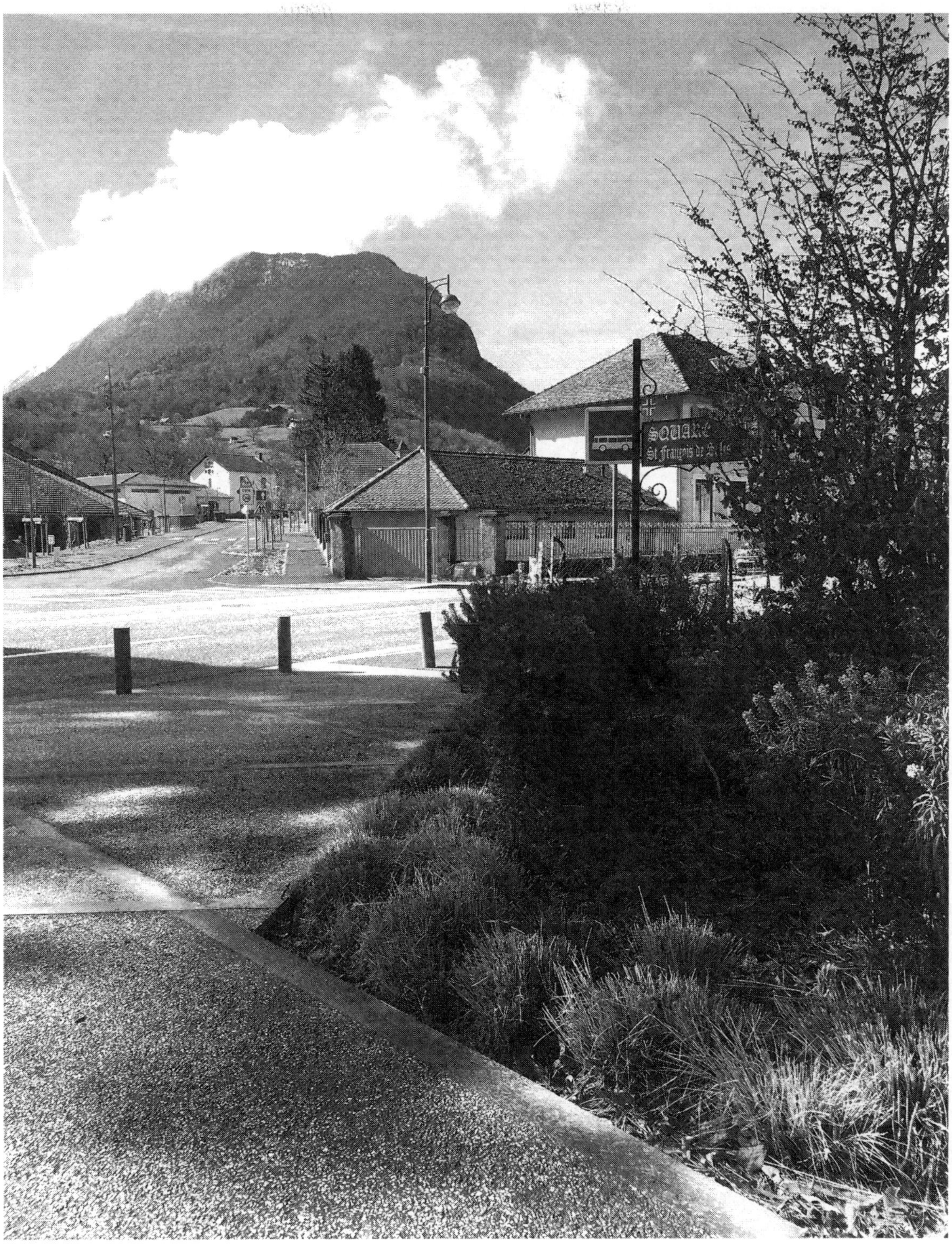

L'ombre de l'arbre...

et le reflet des roseaux.

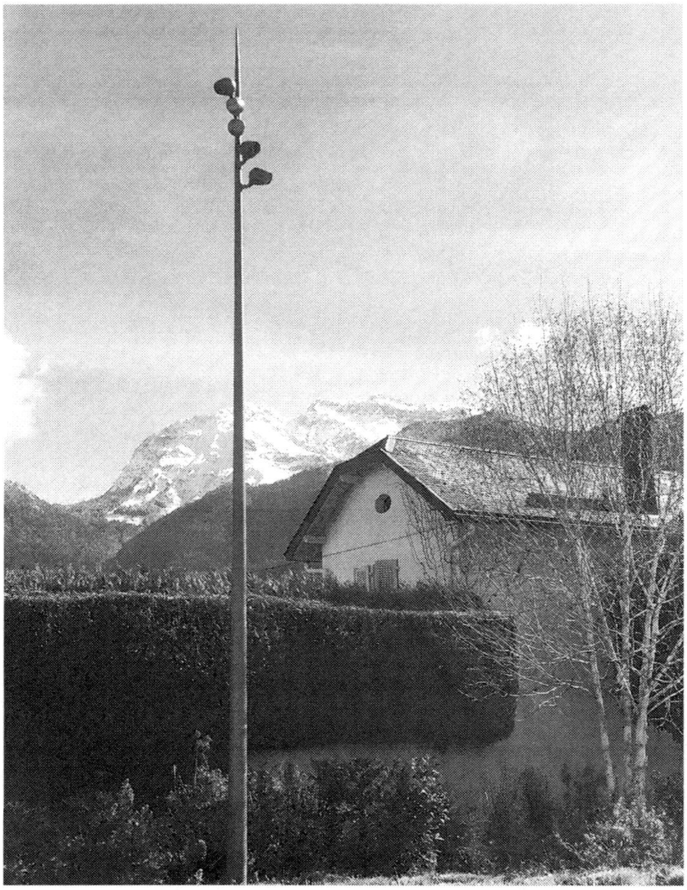

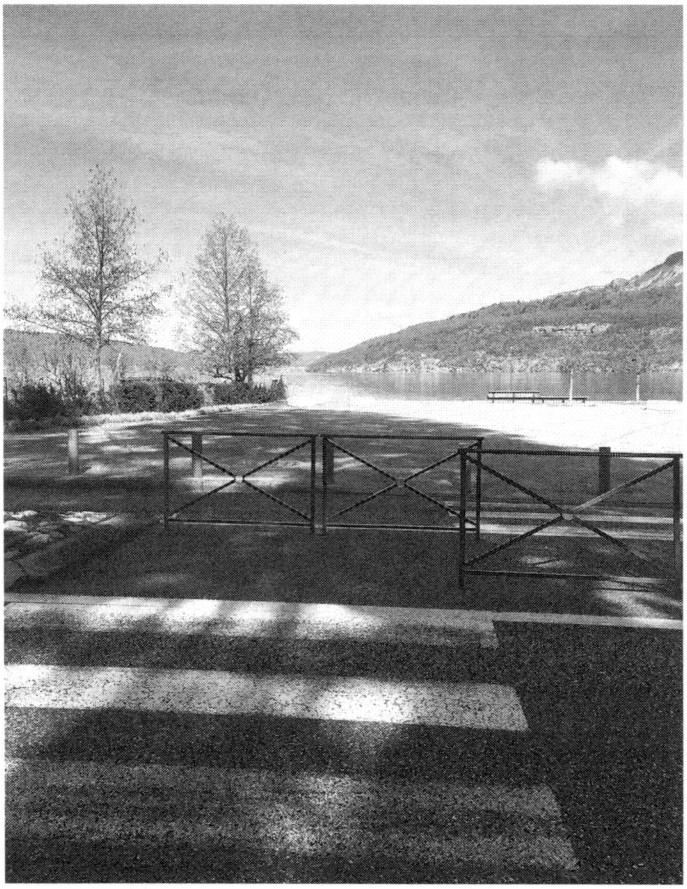

DUINGT
BOULANGERIE DU LAC
BAR TABAC PRESSE
LE ROSELET
LOCATION DE BATEAUX
PROMENADE DU CHATEAU
DEBARCADERE
DUINGT
OFFICE DE TOURISME
VOIE VERTE
MUR D'ESCALADE
GROTTE NOTRE DAME DU LAC
RANDONNEE
VIEUX VILLAGE

Ce mur longeant la départementale est orné de peintures qui ont pâli avec le temps, mais que j'ai plaisir à regarder, même de loin. Et ce matin, un nuage semble posé entre les branches de l'arbre central.

La maison carrée près de la boulangerie, et à l'arrière-plan les Dents de Lanfon.

La Croix
alt. 450 m
Passage du Roc 50 m
Bredannaz 0 h 30
Lathuile 1 h 05
Doussard 1 h 15
5 mn
Duingt

RUELLE
du CHEF-LIEU

Au croisement des ruelles.

Au-dessus des toits se devine déjà la tour, vestige du château du Roc.

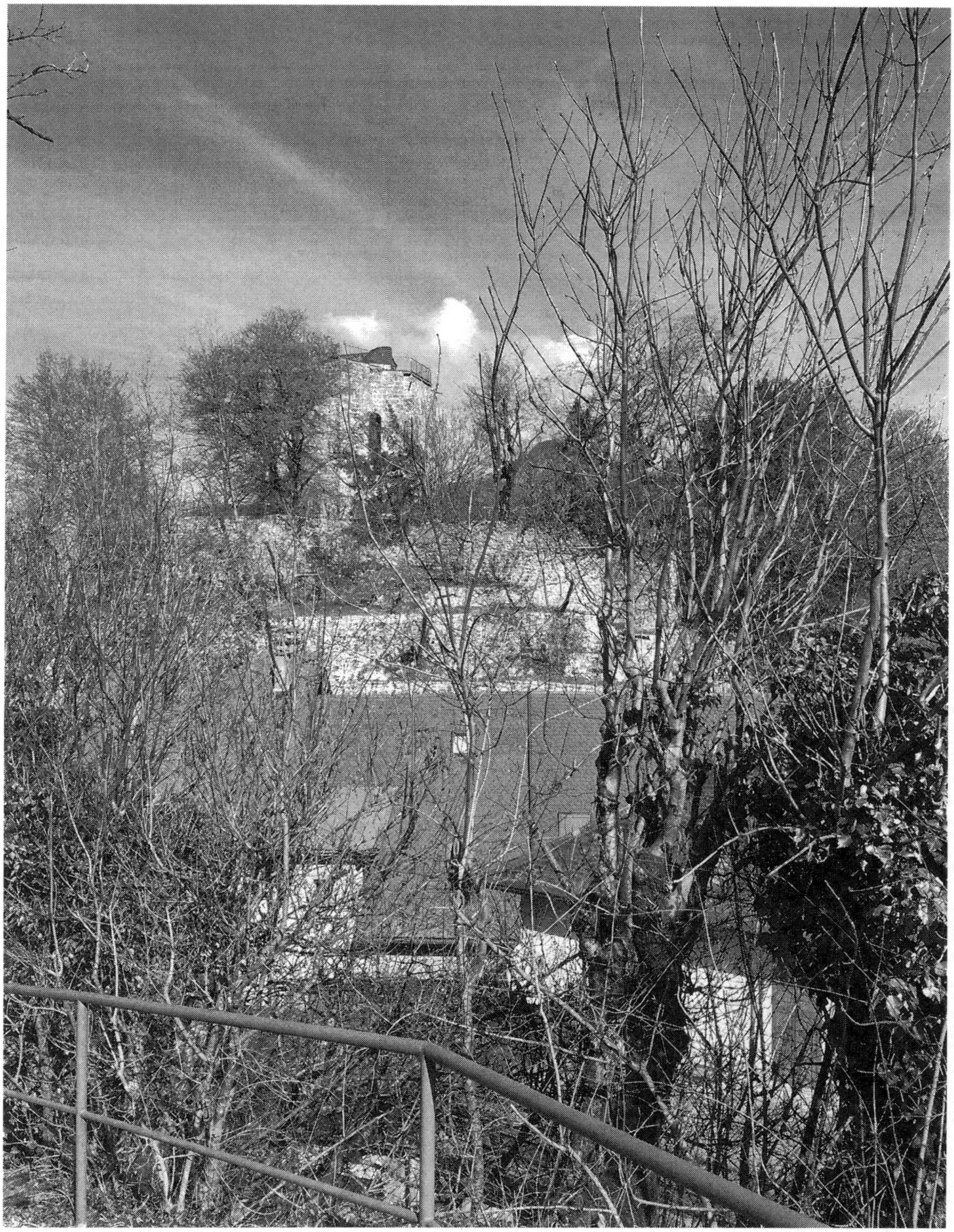

Arrivée au vieux cimetière, j'admire la chapelle qui se découpe sur le ciel.

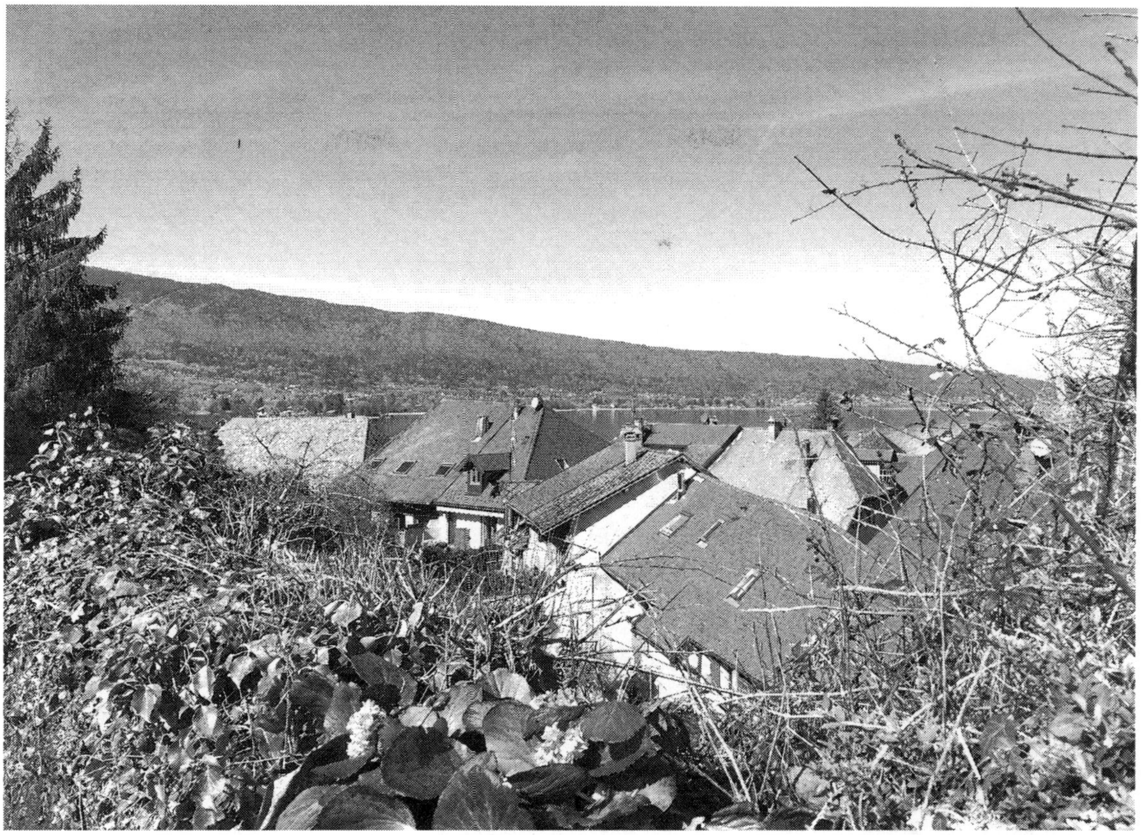

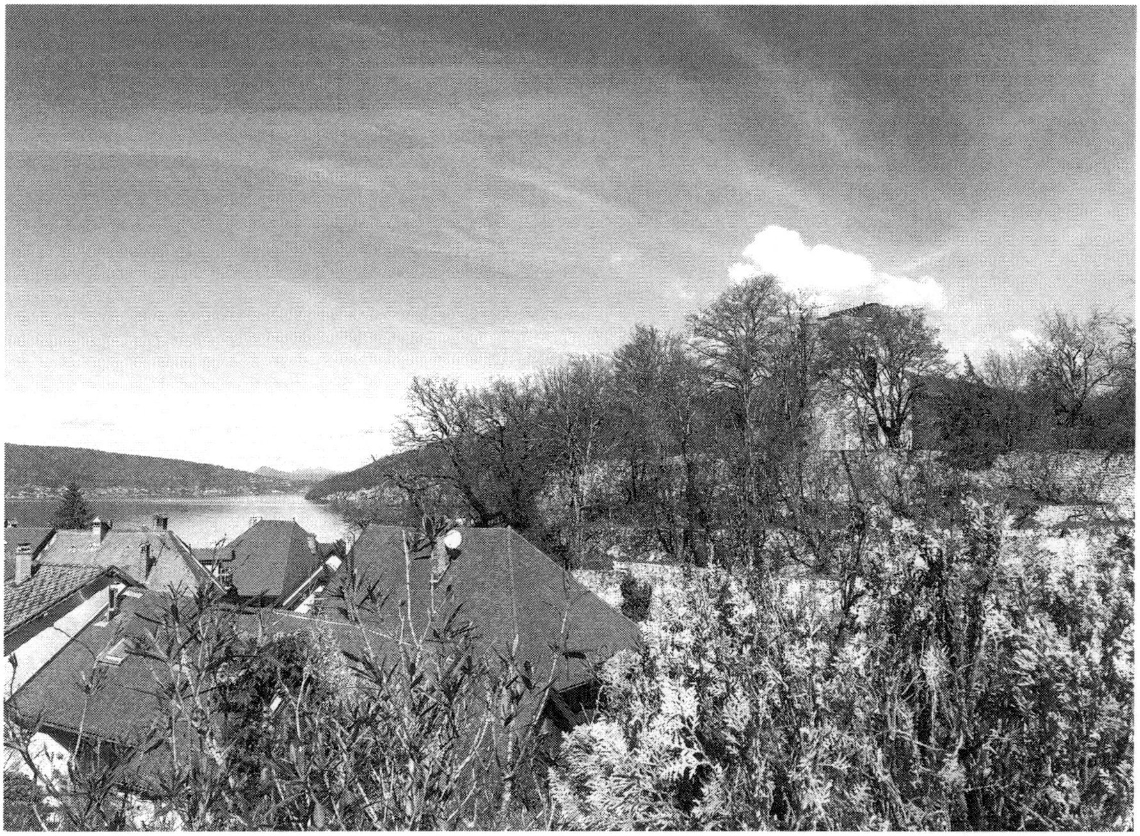

Quelques poules sur un mur, picoti picota...

Entre les montagnes et le bout de la ruelle, apparaît le château de Dhéré.

Accrochée à l'une des stations du Chemin de Croix, une écharpe nounours attend l'enfant qui l'a perdue !

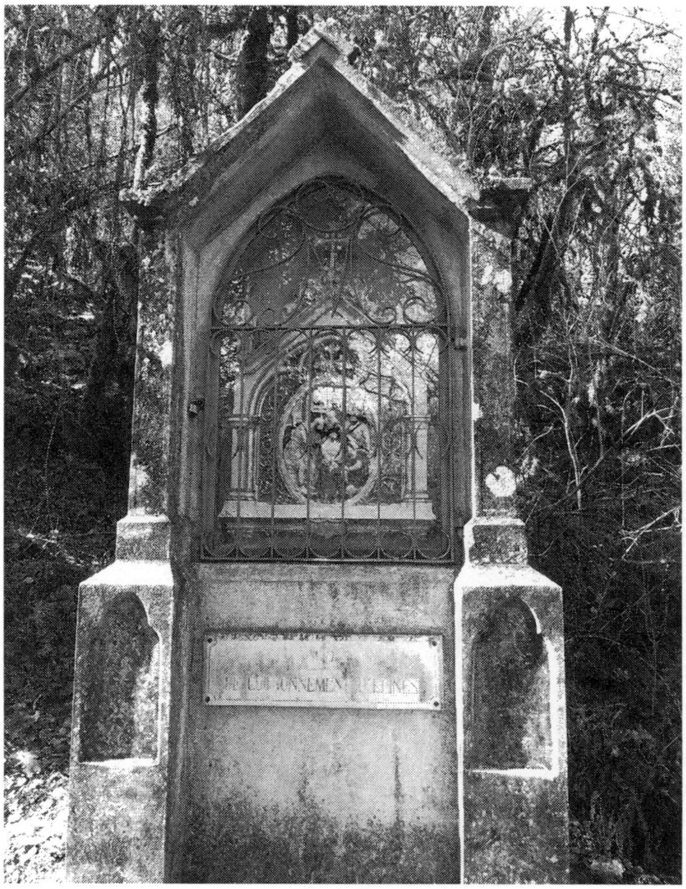

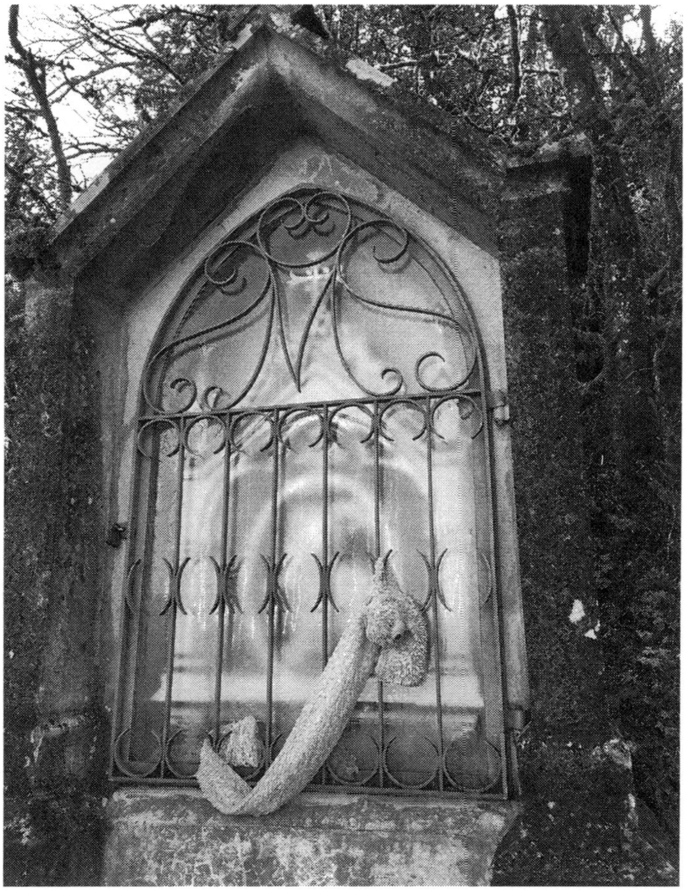

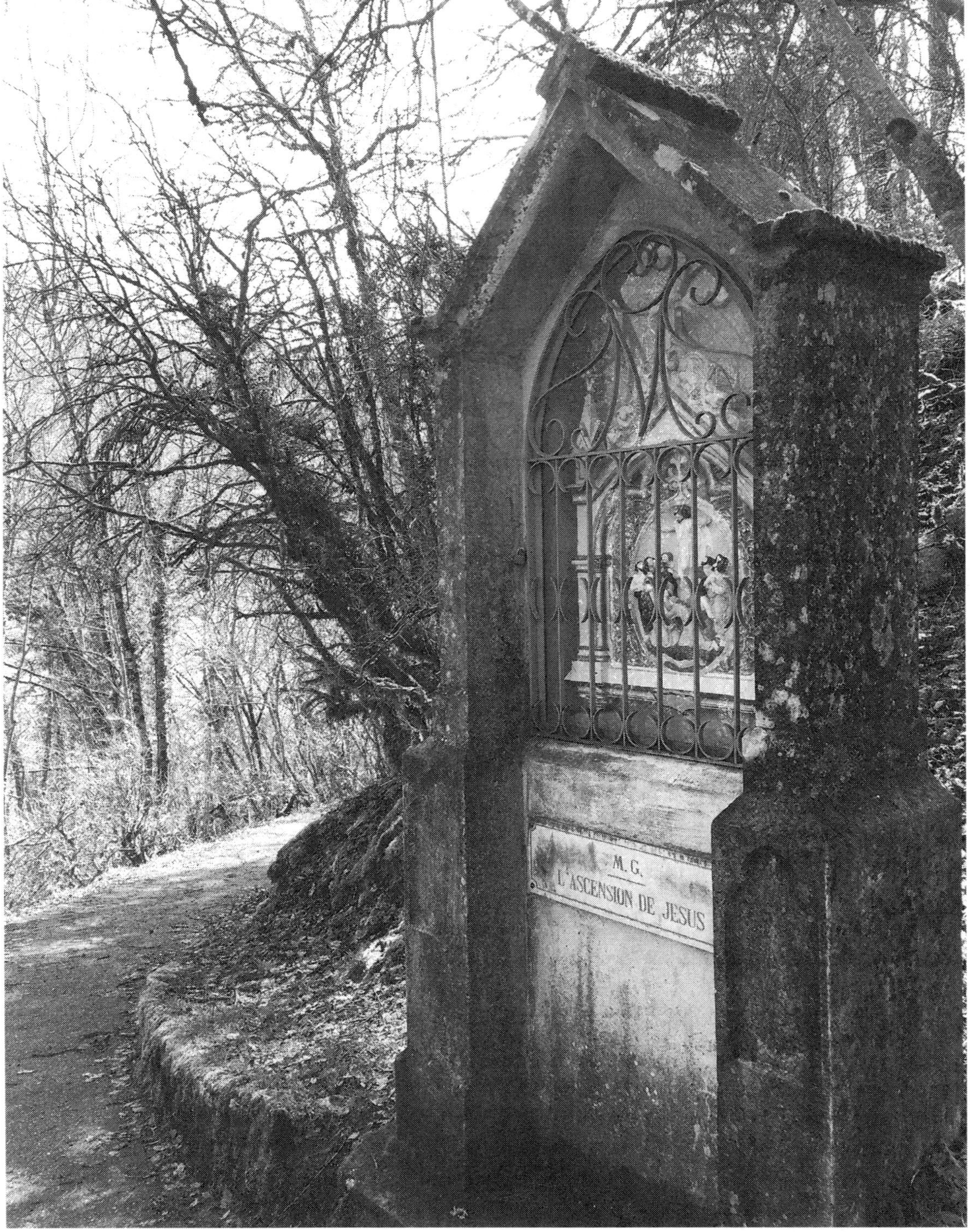
M. G.
L'ASCENSION DE JESUS

Mardi 28 mars, fin de l'après-midi.
Le lac est visible entre les montagnes et la route départementale.

Cette petite place du village a beaucoup de charme et offre une vue de la chapelle du vieux cimetière, qui émerge au bout de la ruelle, juste au-dessus des toits.

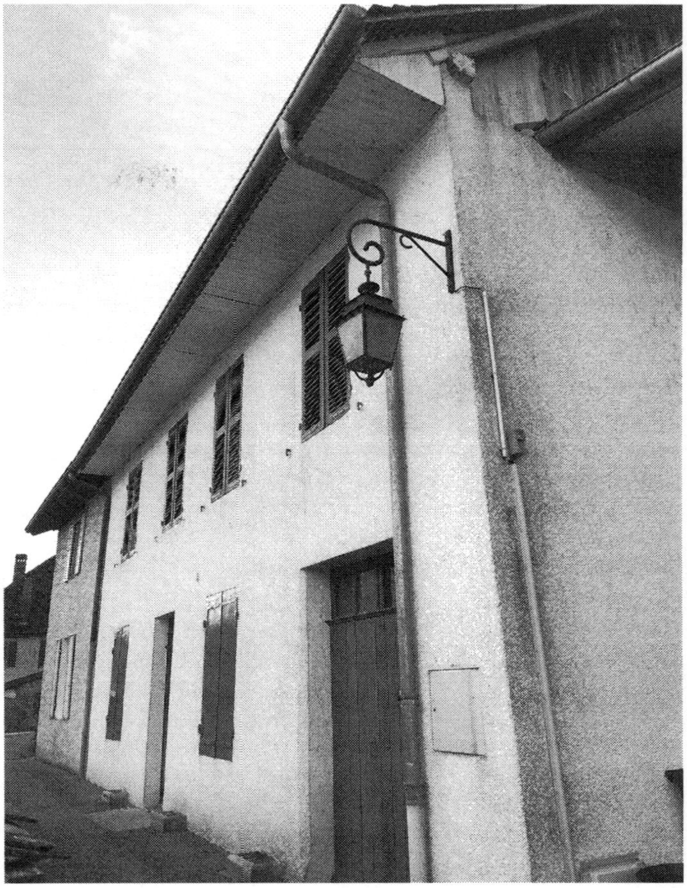

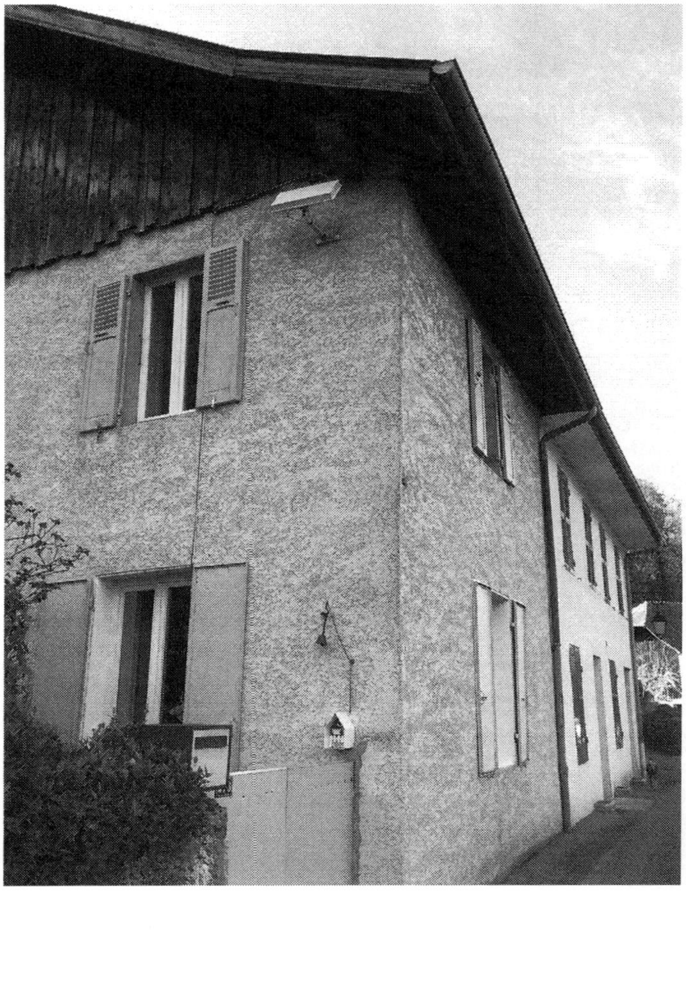

Samedi 8 avril, le matin.
Depuis la place au bord du lac, une vue très nette d'Annecy s'offre à mon regard sous le ciel parsemé de grands nuages.

Quelle chance de pouvoir admirer cette bergeronnette !

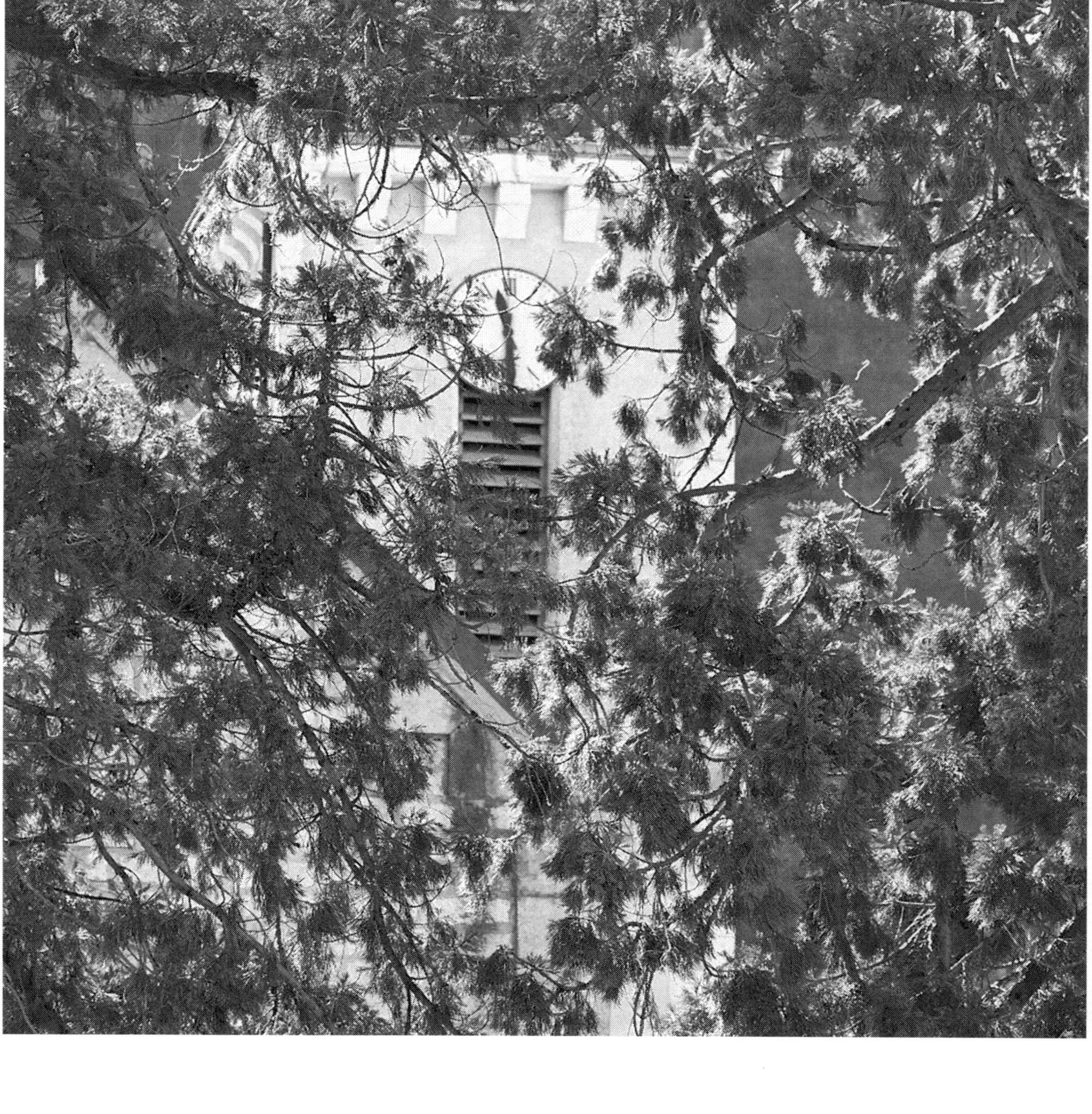

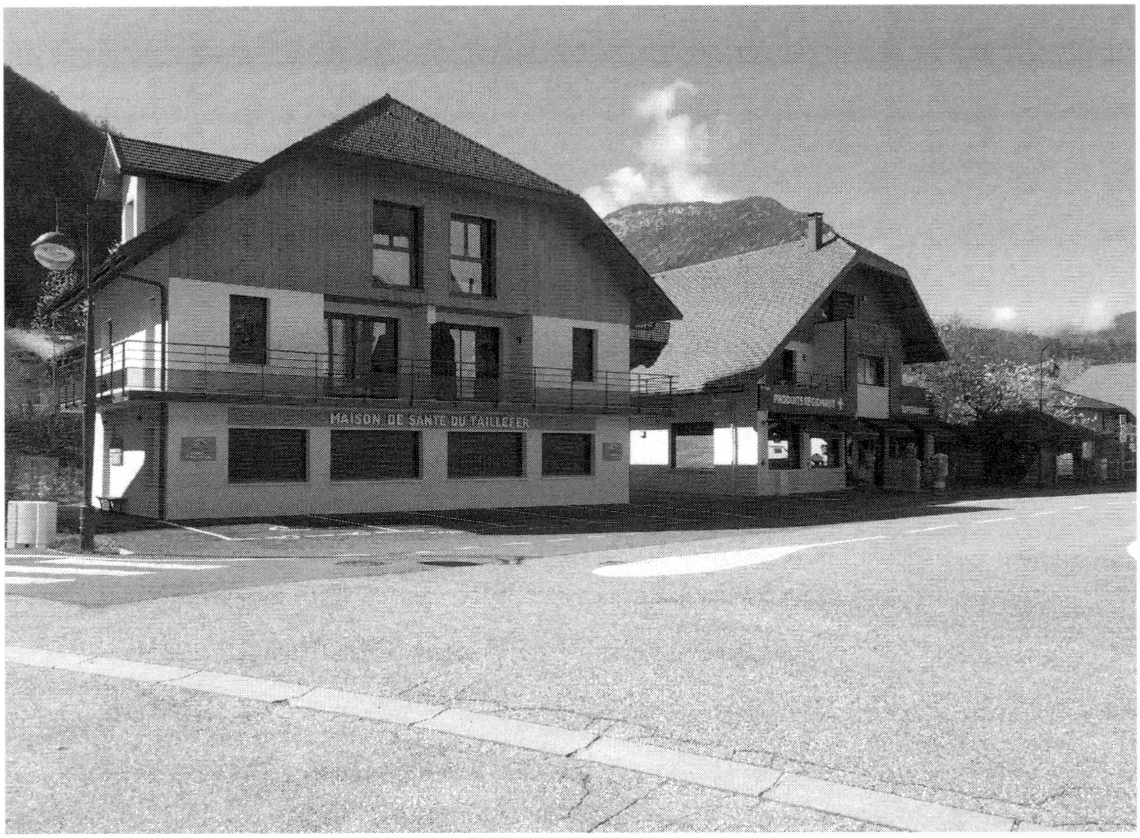
MAISON DE SANTE DU TAILLEFER

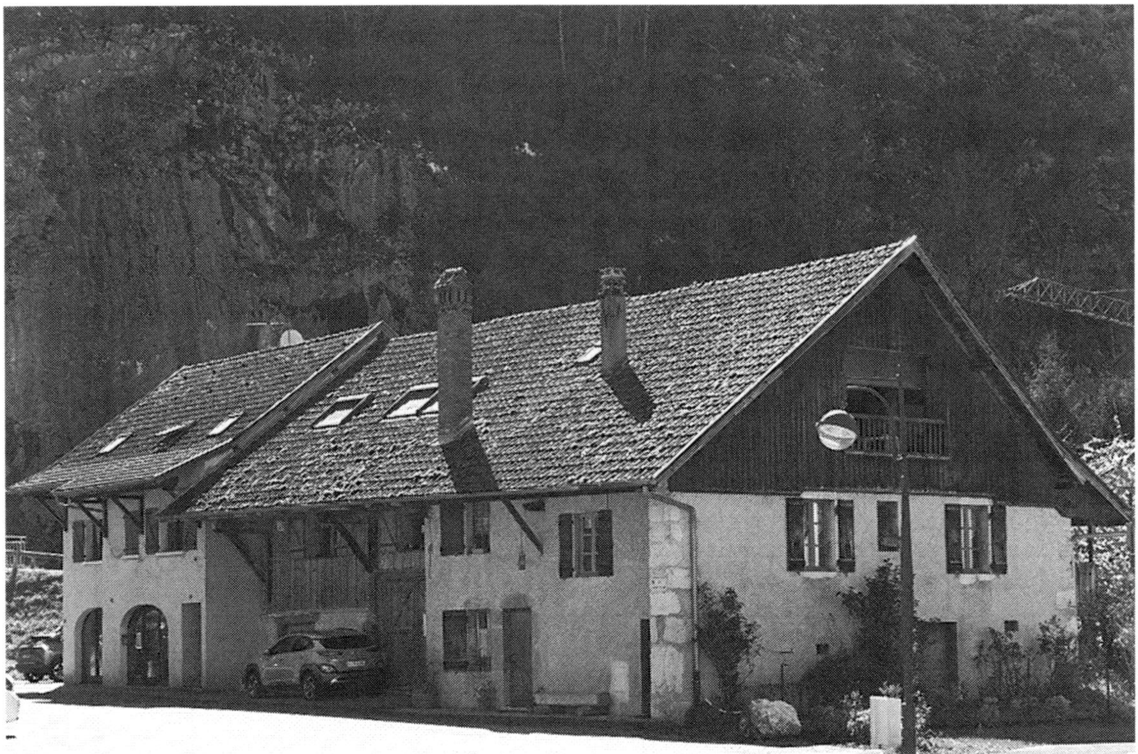

Mardi 25 avril, l'après-midi.
Deux bateaux se croisent, tandis que deux grèbes huppés vont dans la même direction.

Mercredi 3 mai, l'après-midi.
Journée radieuse. L'air est doux, le lac parcouru de vaguelettes, les nuages blancs et légers entre les montagnes, et l'arbre garni de ses premiers bouquets de feuilles.

Lundi 15 mai, le matin
Tout en haut du massif, on dirait un oiseau perché sur une branche.

L'été s'annonce...

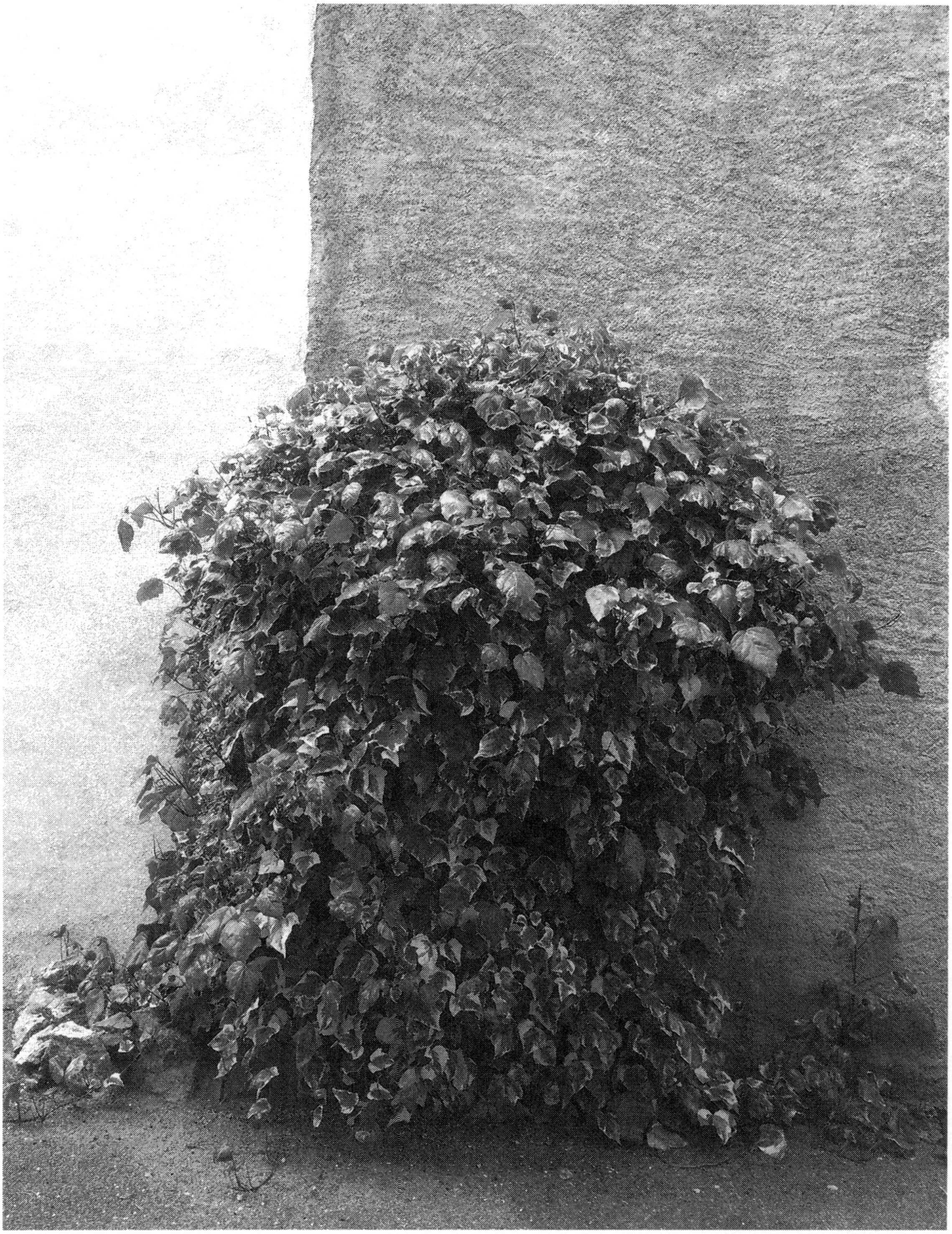

Sur le chemin du vieux cimetière, les arbustes sont en fleurs.

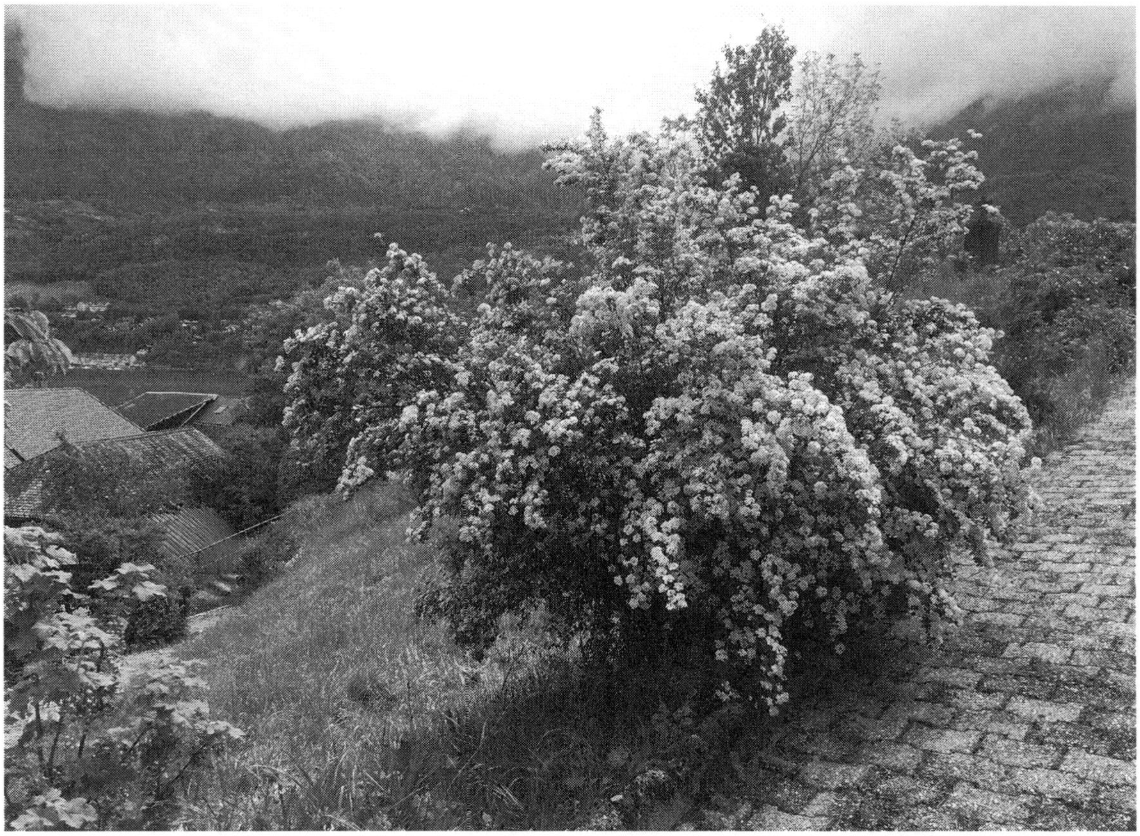

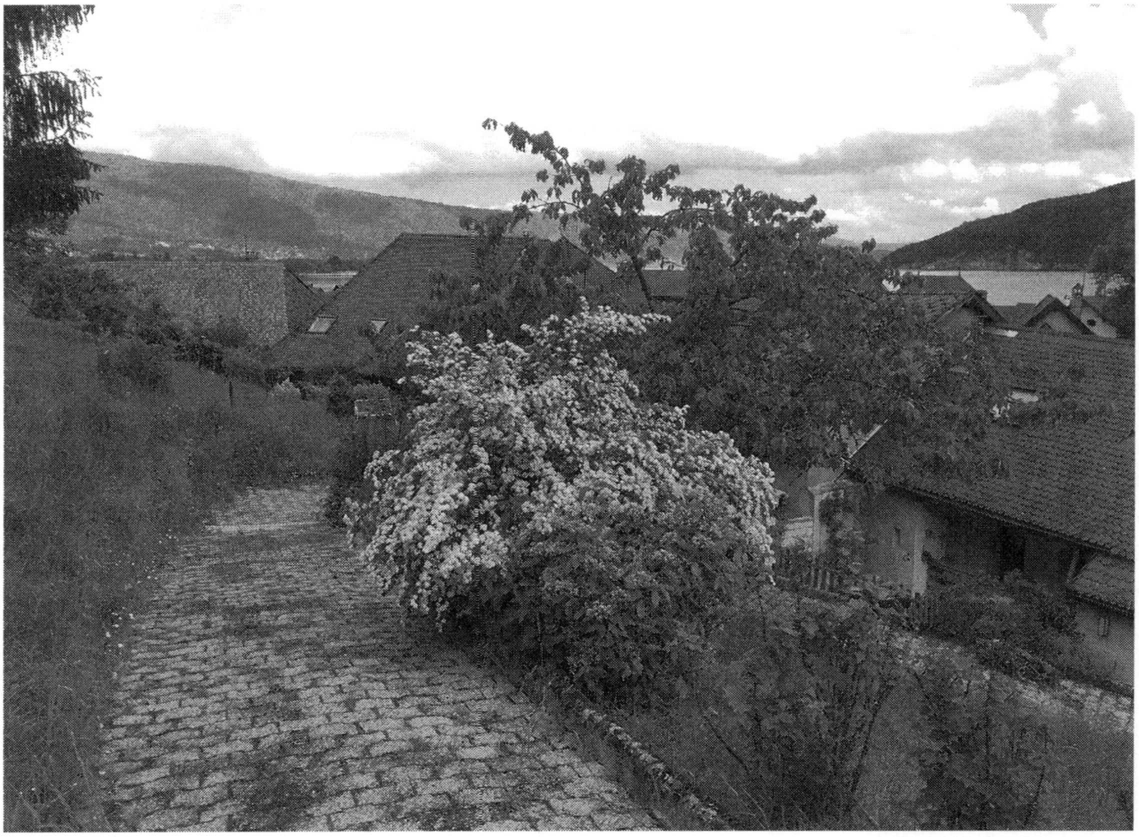

Lundi 29 mai, le matin.
En m'approchant, j'ai pensé que ce lézard prendrait la fuite lorsqu'il me verrait, mais il est resté immobile, me laissant tout le temps de faire son portrait.

Jeudi 1er juin, le matin.
Depuis le deuxième banc jalonnant le sentier qui part du belvédère, je vois ce bateau à deux voiles blanches, tel un signe de ponctuation sur l'étendue bleue.

Mercredi 7 juin, le matin.
C'est le festival de l'art'bre et ceux du square Saint François de Sales ont vu leurs branches se décorer de magnifiques toiles peintes par des enfants...

tandis que les séquoias géants de la place de l'église se sont ornés à leur pied de guirlandes colorées racontant des histoires.

Jeudi 10 août, le matin.
Aujourd'hui, nous partons à la découverte du Chemin des Vettes...

en longeant la route d'Entrevernes, bordée d'un champ doré sur lequel le soleil dessine les ombres des arbustes.

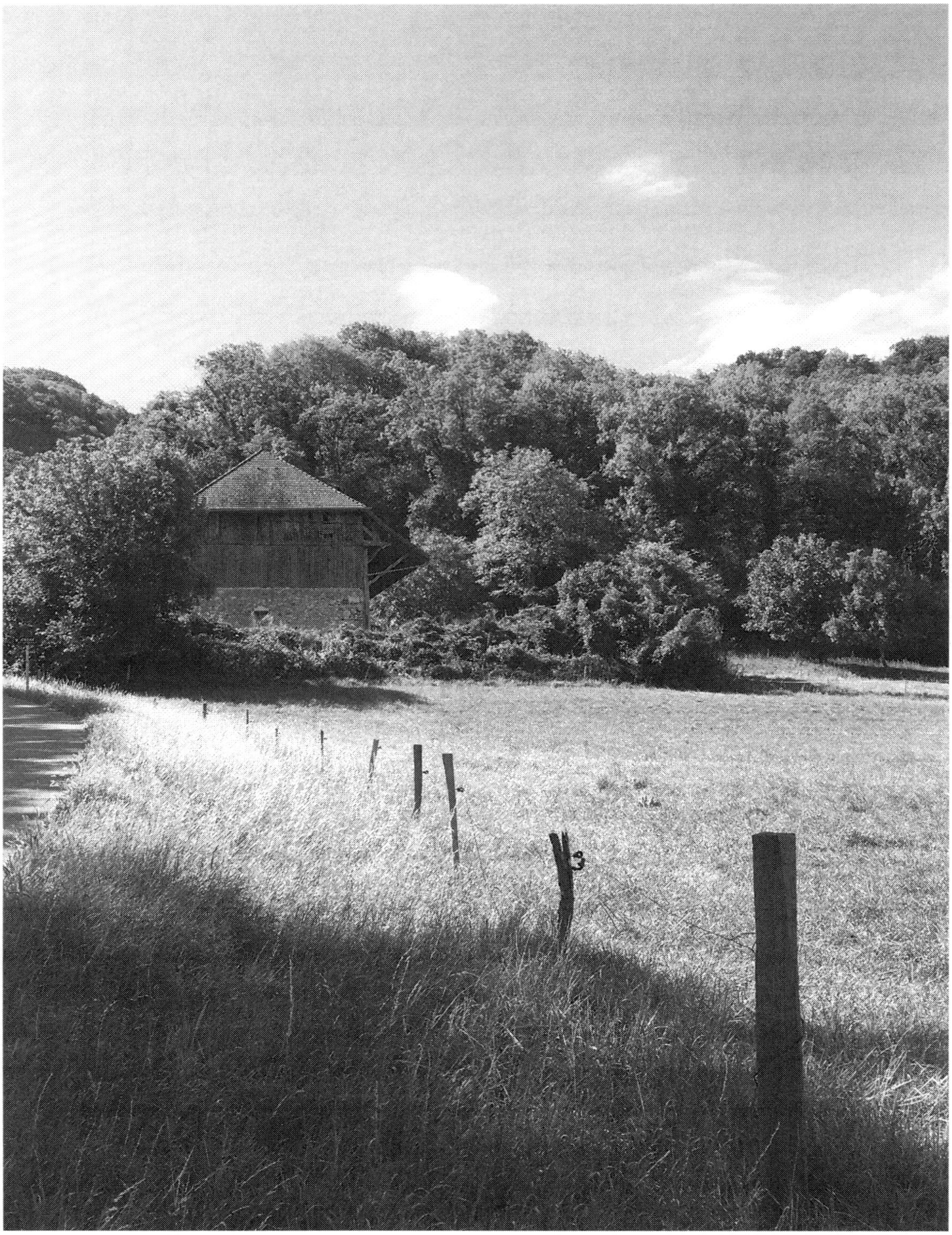

Entre les Dents de Lanfon et le château de Dhéré, le lac.

Sur le chemin des Vettes, l'homme que j'aime marche devant moi qui m'attarde pour photographier la forêt aux allures de jungle...

et la prairie en pente partagée entre ombre et soleil.

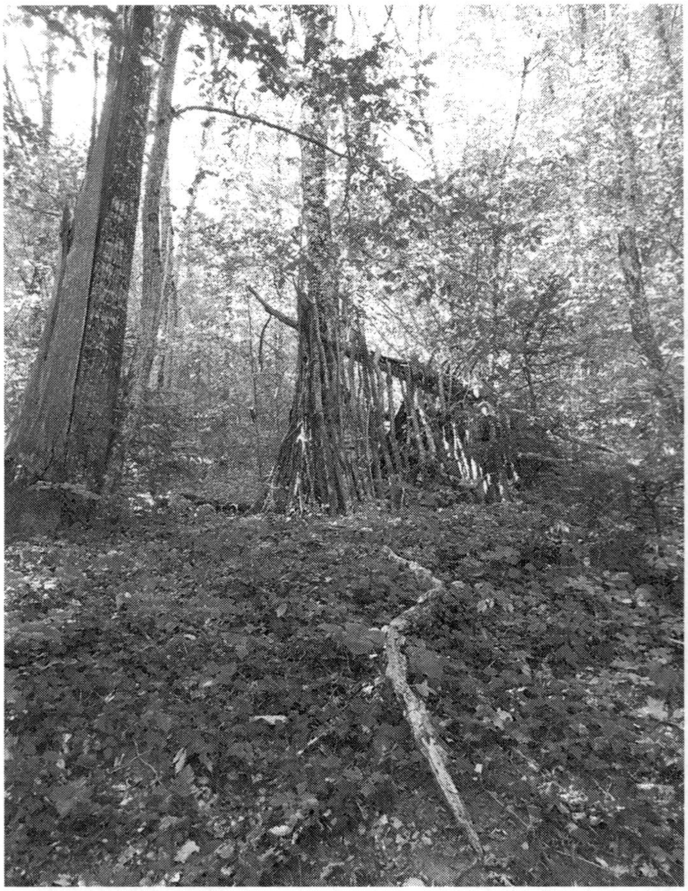
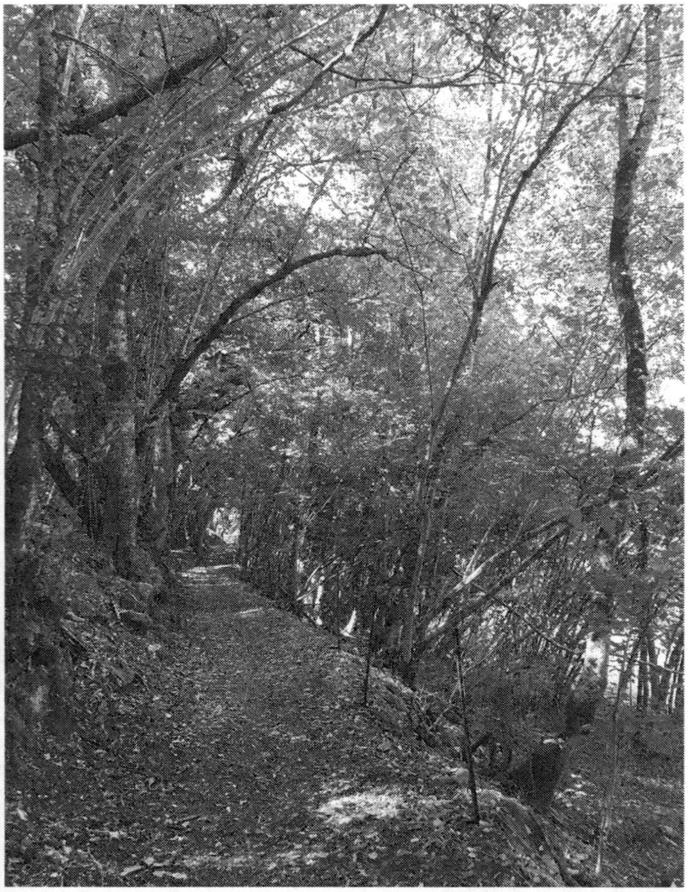
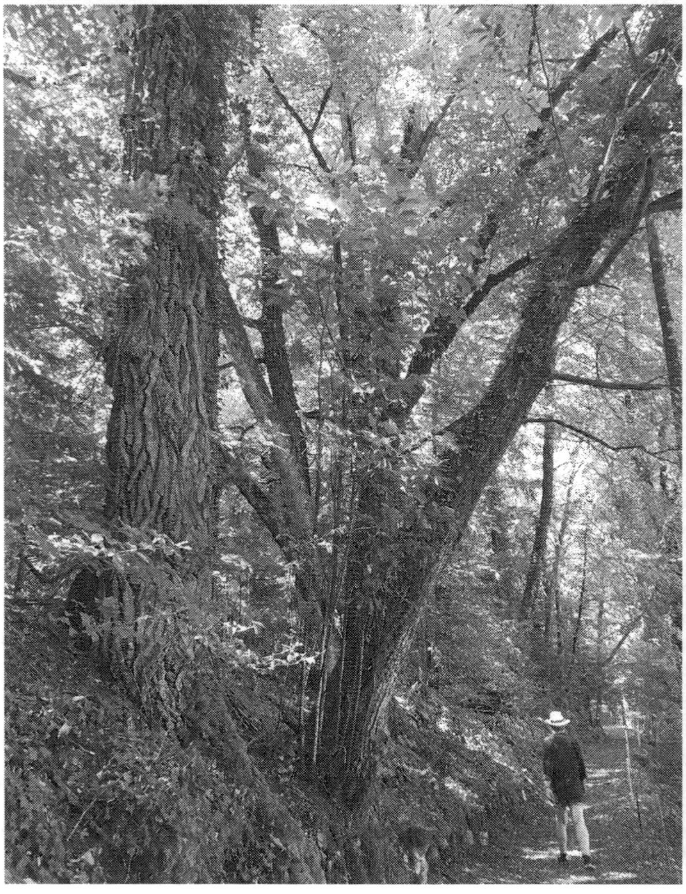
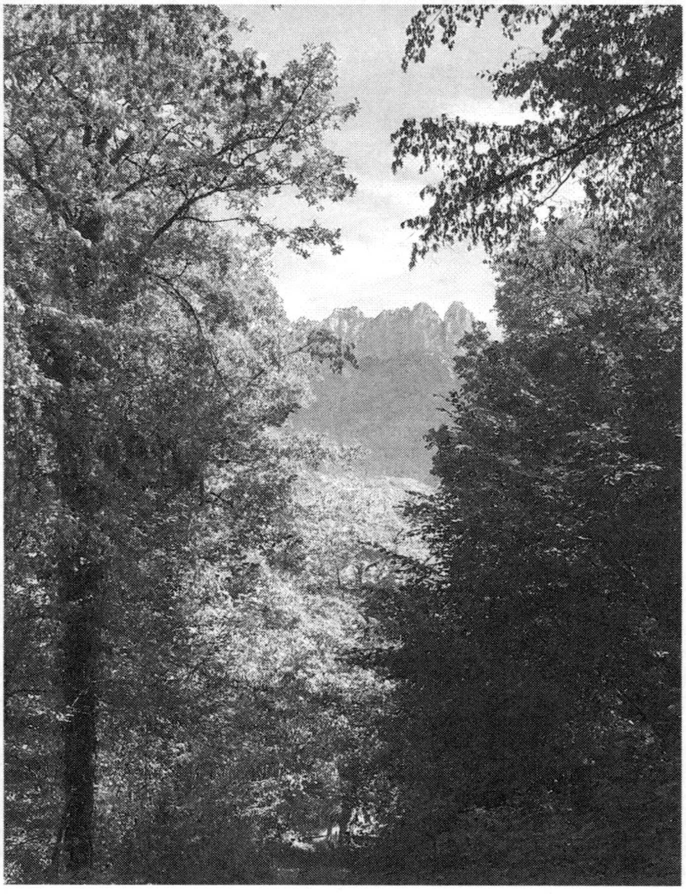

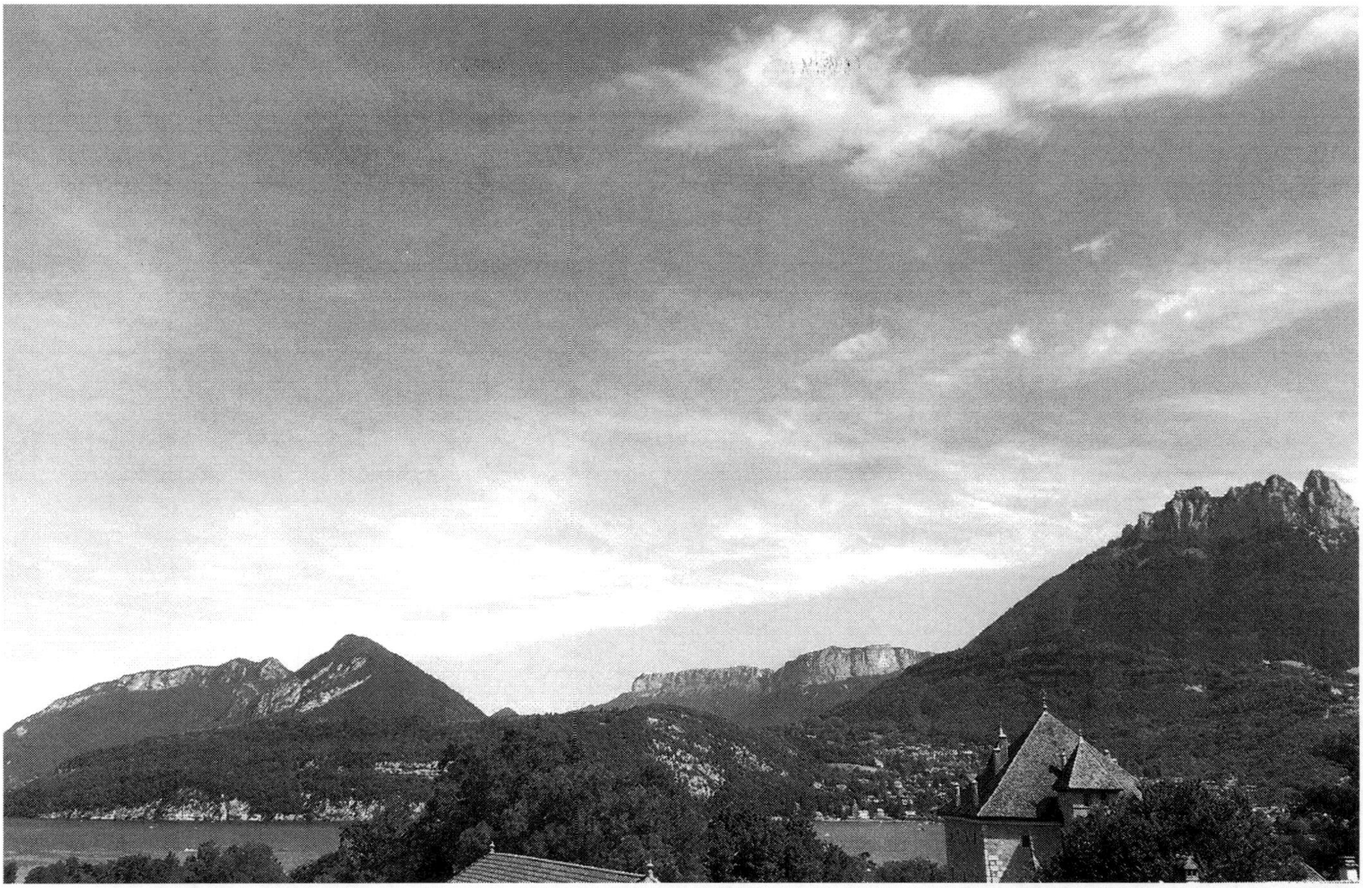

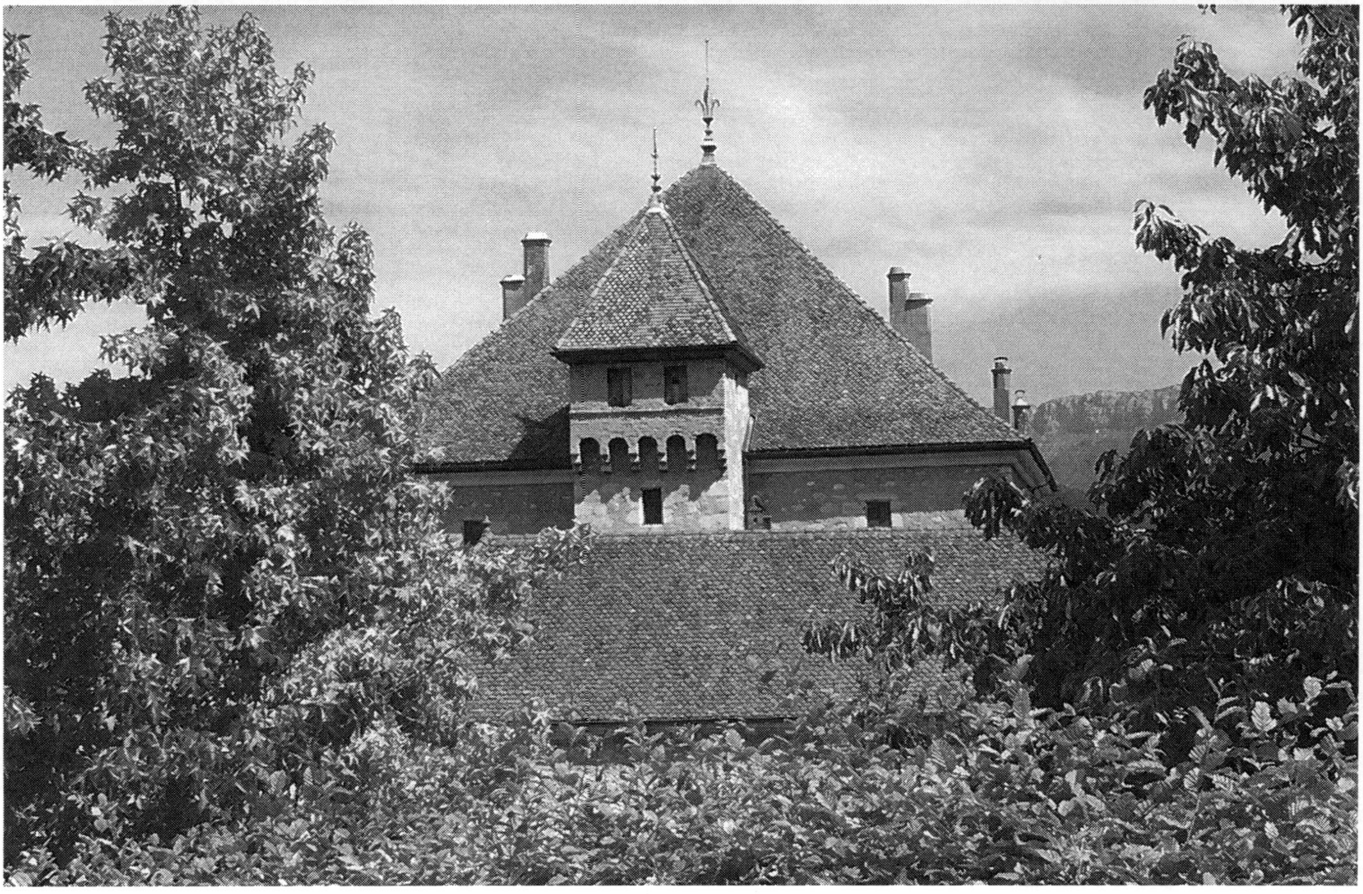

Sur le chemin du retour, en descendant la route d'Entrevernes, je remarque à ma gauche cette petite chapelle que je n'avais pas vue à l'aller...

*et à ma droite le château de Dhéré qui m'offre un visage
que je ne connaissais pas encore.*

Mercredi 30 août, le matin.
Après une semaine de canicule suivie de trop peu de pluie, le lac laisse apparaître ses pierres.

Dans l'église, je suis seule. J'ai allumé une bougie en pensant aux personnes que j'aimais et qui ont quitté ce monde.

Lundi 16 octobre, fin de l'après-midi.
Sur le chemin du retour, en traversant Duingt, je m'arrête quelques instants
pour admirer la lumière du soir qui illumine les sommets.

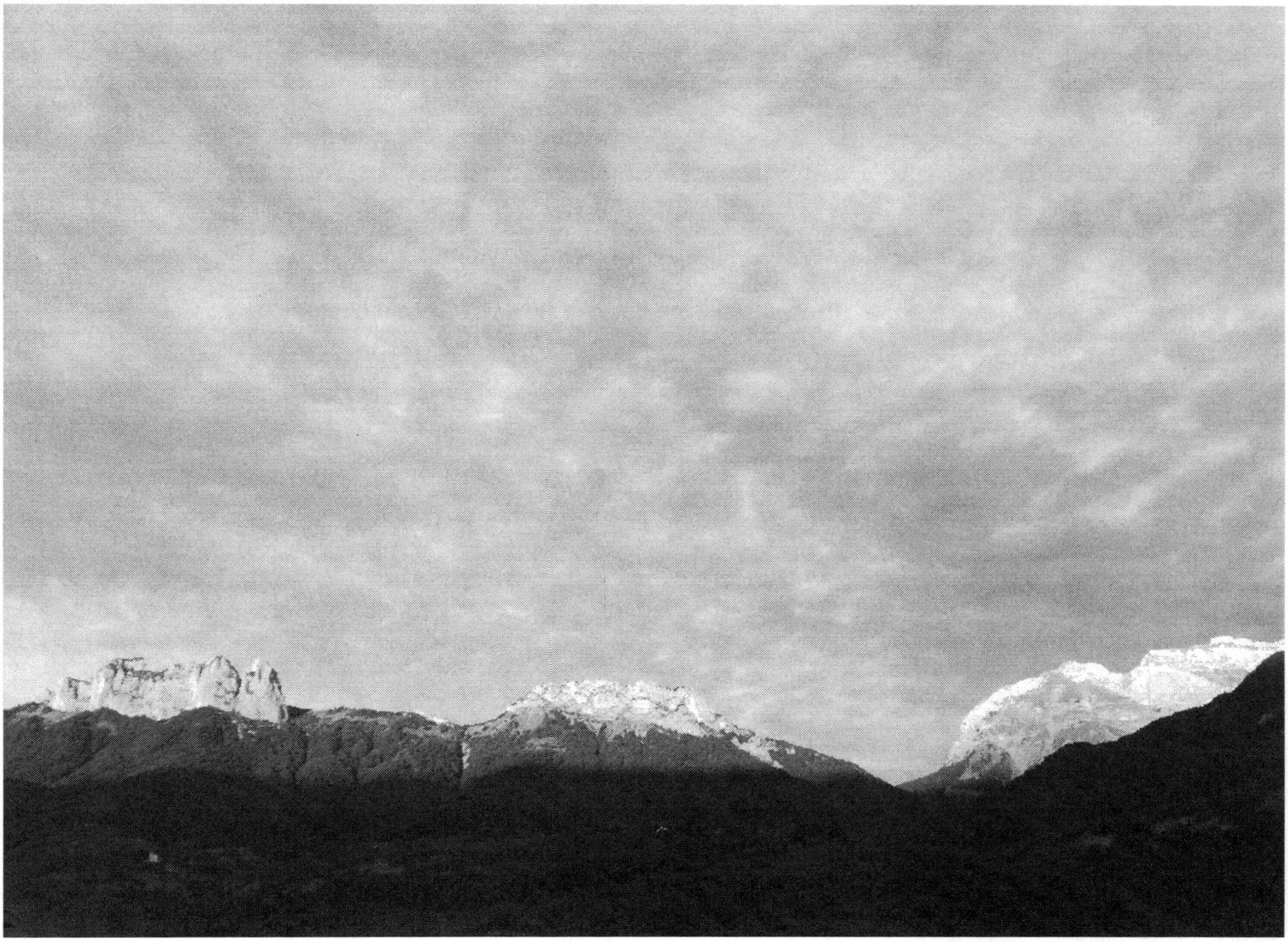

Copyright © 2024 Camille Sylvie Mestres
Tous droits réservés.
ISBN : 9798879059861

DÉJÀ PARUS

Un lac

Lignes vives
balade sur la piste cyclable entre Doussard et Duingt

Jeudi de neige

PUNAISE, LA VOIE VERTE DU LAC D'ANNECY !
volume 1

PUNAISE, LA VOIE VERTE DU LAC D'ANNECY !
volume 2

LAC D'ANNECY - le marais de l'Enfer
31 janvier 2020

LAC D'ANNECY- le sentier des Roselières
12 mars 2020

LE LAC D'ANNECY à fleur de peau

Printed in Poland
by Amazon Fulfillment
Poland Sp. z o.o., Wrocław